SOKRATZTES

MIT ACHTZIG

FRAGEN

UM DIE WELT

Mit Dank an meine Frau,
die das Dasein
auf wundervolle Weise erdet.

Bibliografische Information der Deutschen Nationalbibliothek:
Die Deutsche Nationalbibliothek verzeichnet diese Publikation in
der Deutschen Nationalbibliografie; detaillierte bibliografische
Daten sind im Internet unter http://dnb.dnb.de abrufbar.

Herstellung und Verlag: BoD – Books on Demand, Norderstedt
ISBN: 978-3752-645132

INHALT

I VON DEN ANFÄNGEN

II POLITIK UND ZEITGEIST

III KOMPLEXE PROBLEME

IV TRIVIALES

INTERMEZZO

V HISTORISCHES

VI ELEMENTARE FRAGEN

-

VORWORT

Mit achtzig Fragen um die Welt.

Oder ein Buch für achtzig Tage. Momentaufnahmen, jede für sich. Für jeden Tag eine. Keine zusammenhängende Erzählung, sondern ein Puzzle aus verschiedenen Bildern. Hier regt ein Text zum Nachdenken an, dort bringt er Ärger oder Achselzucken hervor. Einmal überrascht der ungewohnte Blickwinkel, mal verlieren sich die Gedanken in einem abwechslungsreichen Verschachteln der Worte, um an anderer Stelle in die Unergründlichkeit des Daseins abzutauchen. Achtzig Themen, kurz angeschnitten, durcheinander gewirbelt und wieder liegen gelassen.

Wenig ist beschrieben, wie es der Mainstream in Worte fassen würde. Vieles bleibt kaleidoskopisch, ein Spiel mit einer Sprache, die keine Grenzen, keine Gürtellinie kennt – ernsthafte Überlegungen, Verrücktheit, Blödeleien, Kritik, Visionen.

Die Texte sind eine Einladung, gängige Begriffe und Zusammenhänge weiterzuverfolgen, frei und kreativ zu denken, über den gewohnten Rahmen hinaus. Mit Worten und Gedanken zu spielen. Der Unterhaltsamkeit, des schöpferischen Augenblickes halber. Oder als Annäherung an Utopisches.

Der Herausgeber
Dezember 2020/ Juli 2024

MICHL WEGMACHER

Sokrates machte einst Wege frei für das Denken – der antike Philosoph setzte sich mit Alltäglichem genauso auseinander wie mit Politik und Gesetzen, hinterfragte die dazumal gültigen Ansichten und Glaubenssätze.

Michl Wegmacher lässt seinen Sokratztes pendeln zwischen philosophischem Gedankengut und Narrenhaftigkeit, harscher Kritik und bunt verwobenen Bildern. Stellt Fragen.

Ist unser Denken in vorgegebenen Mustern verfangen? Unfähig, sich von seinen Strukturen zu lösen? Geben wir dem ironisch-humorvollen Umgang mit dem Zeitgeist genug Raum – diesem Moloch, der uns in Bann schlägt, an Ketten legt? An Regeln und Richtigkeiten glauben lässt, die übermorgen vergessen sein werden?

Fehlt uns der experimentelle Umgang mit einem Denken, einer Meinungsfreiheit, die weder Zensur noch Vorgaben kennt? Ist die Sprache, dieses Machtinstrument, mit dessen Hilfe man die menschliche Existenz und nicht zuletzt sich selbst vergewaltigen kann, zugleich ein kreatives Mittel, sich aus ihren Fesseln wieder zu befreien? Ein wertvoller Begleiter auf dem Weg zu Freiheit, Allgemeinwohl und Frieden?

Sokratztes spielt mit Worten und Gedanken. Wegmacher – geschaffen als Pseudonym – hört zu. Und schreibt.

SOKRATZTES

„Kratzt mich nicht."
„Ist mir egal."
„Geht mir am Arsch vorbei."
Eine probate Reaktion auf vieles.
Was im öffentlichen Leben geschieht.
Auf politischen Bühnen abgeht.
Im Social-Media-Mainstream kursiert.

Kratzt es dennoch.
Will man wissen, warum es kratzt?
Antwort? – So kratzt es.

Die Kunstfigur ist geboren.
Nimmt kein Blatt vor den Mund.
Ist selten um Worte verlegen.
Dort wo es kratzt. Ärgert. Nach Begründung fragt.
Dort wo es berührt. Verunsichert. Verwirrt.

Sokrates.
Der berühmte hellenische Philosoph.
Hinterließ Worte von tiefgründiger Weisheit.
Scio ut nescio. – Ich weiß, dass ich nicht weiß.

Sokratztes?
Wartet noch auf die Weisheit.
Bereitet sich darauf vor. Oder auch nicht.
Beim Streifzug durch den Dschungel der Gedanken.
Im Spiel mit den unterschiedlichsten Fragen.

sokratztes – waiting for #wisdom

... wenn man zwischen Wörtern wählt,
ist da nicht schon alles vertan,
sobald das Wort in der Reflexion ist,
taugt es nicht mehr ...

Herbert Achternbusch

VON
DER NULL UND DEN ANFÄNGEN

Aller Anfang bleibt im Dunkeln. Sokratztes macht sich auf den Weg. Meldet sich bei seiner Frau Xanthippe ab, sagt, er habe sich eine Zeit lang auf Reisen begeben. Entgegnet sie, er sei doch immer noch da. So wie gewöhnlich.

„Weil du mich nicht denken siehst", erwidert er, „sonst würdest du erkennen, dass ich nicht da bin. Bereits unterwegs nach Hawaii. Knapp am Urknall vorbei. Jener war wortlos der Anfang und auf Big Island findet dieser Anfang immer noch statt. Ich hingegen bin wortreich am Ende. Aber noch lange nicht an dessen Ende angelangt."

Meint sie trocken, das werde wohl wieder mal eine Nullnummer. Von Anfang bis Ende.

Sokratztes widerspricht. Die Null reiche für ihn bis in die Unendlichkeit. Dort würde sie sich verdoppeln. Zu einer liegenden Acht. Sie aber doppelt nach, es wäre ihr lieber, er würde darauf achten, nur halb so viel zu reden.

„Ich werde schweigen", antwortet Sokratztes. Und setzt seine Reise fort.

Achtzig Fragen nehmen so ihren Anfang.
Ohne diesen wären sie nicht vorhanden.
Sind es Fragen, die in Kürze Antwort finden?
Oder erst, wenn alle Uhren ausgestorben sind?
Sokratztes setzt die Zeitnahme auf null.
Unterwegs. Null Stress. Kein Ziel in Sicht.

MIT ACHTZIG FRAGEN UM DIE WELT

In achtzig Tagen um die Welt.
Ein Zukunftsroman. 1873. Jules Verne.
Hundertfünfzig Jahre später?
Im Hyperloop Mach 1. Unterirdisch ans Ziel.
Oder dank SpaceX. Überirdisch mit Hyper-Hyperschall.
In vierzig Minuten. Von New York nach Shanghai.
BFR – Big Fucking Rocket – von Elon Musk.
Der Hyper-Hype.

Hyperventilieren führt zu vermehrtem CO_2-Ausstoß.
Erprobtes Gegenmittel? Beruhigung, Beruhigung.
Stopp the big-fucking-rasend-um-die-Welt-rocket.
Mit Umweg am Mars vorbei. Führt zu Muskelschwund.
Besser Musk verschwindet.
No Musk. No Stress.

New York – Shanghai.
Zwischenlanden in Hawaii. Wellness pur.
Big-Wave-Surfen in Maui. Nacktwandern auf Kauai.
Hula Hula Dance und Lomi Lomi Massage.

Sokratztes traf am Strand von Paia einen Typen aus L.A.
Der war drei Tage auf die Insel zu Besuch gekommen.
Zwanzig Jahre zuvor. Blieb und wurde happy.
BFR – big fucking real – HAPPY.

Er blickte in die Weite.
Ließ den Geist alleine reisen.
Mit achtzig Fragen um die Welt.

Kam total relaxed zurück. No Musk. No Stress.

sokratztes – should have stayed in #paia

MICH JUCKT DER URKNALL

Uns alle juckt der Urknall.
Heißt eigentlich Uhrknall.
Weil mit diesem Knall
die Uhren des Universums zu laufen begannen.

Ein einsamer Knall für Alles und das gesamte All.
Die Zeit verlief dabei so rasend schnell,
dass ihr niemand folgen konnte.

Heute verlaufen wir uns so rasend schnell,
dass uns die Zeit nicht länger folgen kann.
Deshalb haben wir keine mehr. Und das juckt.

Mit dem Abschalten aller Uhren lässt
sich der Urknall nicht mehr rückgängig machen.
Mal den Rückwärtsgang einlegen.
Kommt wenigstens die Zeit zurück.

Lernen mit ihr zu leben?
Zulassen, wenn die Zeit anhält. Frei von Ungeduld.
Ihr folgen. Wenn sie weiterläuft. Ohne Hast und Eile.

Oder abwarten. Bis es ausgeknallt hat.
Dann zieht sich das Universum wieder zusammen.
Aber das juckt dann keinen mehr.

sokratztes – watch is #watching u

AM ANFANG WAR DAS WORT

Am Anfang war das Wort.
Zuerst drauflosreden.
Der Gedanke folgt nach. Oder auch nicht.

Das Wort als Ursprung des Gedankens.
Vorab das Wort. Danach etwas finden, was dazu passt.

„Zukunftsorientiert?
Wir handeln zukunftsorientiert.
Was jetzt ist, kratzt uns also nicht.
Die Zukunft? Noch nicht da. Deshalb warten mit Handeln.
Orientieren uns erst in der Zukunft. Oder am Orient.
Nein, dort leben die Falschen. Also Amerika.
Aber Amerika hat ja die Orientierung verloren.
Also zukunftsweisend.
Wenn wir es nicht wissen? Die Zukunft wird es weisen.
Manche meinen, das sei die Zukunft der Weißen.
Andere hoffen, die Zukunft werde weiser.

Am Anfang war das Wort.
Die Zukunft kann ja nicht der Anfang sein.
Aber anfangen lässt sich damit auch nichts.
Damit nähern wir uns dem Ende.
Und am Ende steht das Wort.
Haben Sie etwas anderes erwartet?
Ich danke Ihnen fürs Zuhören."

Die Kunst des Nichtssagenden
lässt sich nicht nur zwischen den Zeilen finden.

sokratztes – der redner #redensart

VON NULL AUF HUNDERT

Entschleunigen? Oder Beschleunigen?
Gas geben oder auf die Bremse treten?
Fast Food versus Slow Food?
Aktivismus oder Passivität?
Nicht Entweder-oder. Kein Gut und Böse.
Langsam kann falsch sein. Schnell ebenso.
Umgekehrt genauso.
Es geht um das richtige Maß. Im richtigen Moment.
Das Ausleben der Zwischenräume.
Passend zur jeweiligen Situation.
Mal Null. Mal Hundert. Meistens dazwischen.

Der Zeitgeist bevorzugt die Extreme. Liebt Rekorde.
Full Power. Ausgepowert. Rien ne va plus.
Burnout. Von hundert auf null.
Wechsel von einem Ende der Skala zum anderen.

Die Einen. Extremsport. Hochrisiko. Maximaler Kick.
Beschleunigung pur. Geschwindigkeitsrausch.
Andere rufen nach Ruhe. Entschleunigungs-Olympiade.
Slow Sport vom Feinsten. Sieg für den Couch-Potato.

Oft geht es um besser. Bessersein. Polarisierung.
Die ganze Skala ausschöpfen? Was spricht dagegen?
Goldener Mittelweg plus Platinum-Extreme.
Alles zu seiner Zeit.

Mit richtigem Maß und voller Maßlosigkeit.

sokratztes – das oder die #maß ist voll

6 HOCH 0 GLEICH 1?

Resultat einer nullten Potenz?
In Mathe eine Null?
Wo liegt das Problem?
Potenzrechnen ist ganz einfach.
Mann bringt beim Sex null hoch.
Resultat? – Eins wie einsam.

Zwei Leute heben hoch zwei Arme.
Wie viele Arme siehst du?
Richtig. Zwei hoch zwei ergibt vier.

Acht Arme heben hoch zwei Reiche.
Was siehst du?
Zwei Potentaten und vier Sklaven.

Nimm die Umkehrfunktion.
Stell die Potenz auf den Kopf.
Dann erkennst du die Wurzel des Übels.

Den Potentaten fällt Geld aus der Tasche.
Das den Sklaven gehört.
Für das Hochheben. Wenn sie Lasten tragen.
Und das Wurzelziehen. Wenn sie den Garten jäten.

Eine Milliarde Menschen haben rein gar nichts.
2500 Milliardäre haben zu viele Nullen.

Alles eine Frage der Potenz.
Und der, wo die Wurzel des Übels liegt.
Und der Mathematik.

Die für Superpotentaten aus Nullen besteht.
Weil sie in Moral eine Null sind.

sokratztes – null #potenz

DIE SCHWARZE NULL

Die schwarze Null.
Verschuldeter Staatshaushalt ohne Neuverschuldung.
Die von den Medien am meisten misshandelte Null.
Nicht die grüne Null. Umweltbilanz vernichtend.
Oder die blaue Null. Blaumachen. Null Bock auf Arbeit.
Schon gar nicht Doppelnull. War mal ein stilles Örtchen.
Aber Null zu Null. Trostlos öde. Faszination Fußball.

Schwarze Null.
Weder Gewinn noch Verlust.
Für jedes Unternehmen der Super-GAU.
Für die Wirtschaft ist die schwarze Null eine rote.
So bekennt man Farbe.
Für zu viele kommt die Null vor Monatsende.
Schwarz oder rot? Ist dann ziemlich egal.

Weil die Null null wert ist, haucht Farbe ihr Leben ein.
Dasein als Nullo. Mann ohne alles. Neu im Trend.
Manche Null wird erst beim Shoppen lebendig.
Andere Nullen outen sich als Hooligan.
Nieten zählen nun mal auch zu den Nullen.
Ihnen ist die Farblosigkeit garantiert.

Irgendwann leuchtet zweimal die Doppelnull.
Ein neuer Tag beginnt.
Wieder bei null beginnen.
Tut gut. Gesünder als Frischzellenkur.

Die Wirtschaftswissenschaft benötigt die Null.
Den Neustart bei null.

sokratztes – #schwarz rot – gold?

17

MENSCHWERDUNG

Es war einmal. Wir schwammen friedlich im Ozean.
Deshalb fahren wir im Urlaub zurück ans Meer.
Dann krochen wir an Land. Aufregend. War was Neues.
Reptiliendasein. Beginn unserer Aktion Welteroberung.
Doch als Froschkönig outet sich keiner mehr.

Stufe Kleinsäuger? Hätten wir besser ausgelassen.
Dauernd die Angst, von Dinosauriern zertreten zu werden.
Ein Rattendasein. Wenigstens nicht in der Kanalisation.
Die hätte uns zwar vor den Dinos geschützt.
Betonbunker? Panzerfahrzeuge? Kamen zu spät.

Vorwärts! Via Kapuzinerhorden zum Menschenaffen.
Kapuziner-Orden und Kreuzgang in weiter Ferne.
Aufrecht. Nicht umfallen. Hurra! Homo erectus.
Endlich ein kräftiges Händeschütteln zur Begrüßung.
Punkto Hygiene totaler Fehlgriff.
Konnte sich Homo sapiens bis heute nicht abgewöhnen.

Menschwerdung abgeschlossen. Es ist vollbracht.
Krone der Schöpfung. Hat Millionen Jahre gedauert.
So ein Ding wird halt nicht jeden Tag geschmiedet.
Kann aber locker jeden Tag ruiniert werden.

Siehe Werdegang des Unmenschen.
Seine Evolution? In fortgeschrittenem Stadium.
Homo horroris. Homo apokalypsis. Homo amoklaufis.
Homo homozidis, genozidis, suizidalis.

Krone der Schöpfung? Der Glanz bald ab.
Ganz abgekratzt.

sokratztes – kratzt #homo ab?

VON
POLITIK UND ZEITGEIST

Auf Reisen gerät man hin und wieder in Gegenden, da glauben deren Bewohner an Geister und Kobolde. Die machen das Nachtleben unsicher. Angstvoll verbirgt man sich in den Häusern.

Einem bekannteren Geist aber, dem Zeitgeist, begegnet Sokratztes ununterbrochen. Der bringt nicht bloß die Nächte durcheinander. Wirkt hemmungslos am helllichten Tag. Treibt Menschen raus aus ihren Häusern. Damit sie dem Folge leisten, was er ihnen vorschreibt. Oder unterlassen, was je nach Zeit und Geist verboten wird.

Sokratztes hat sich mit ihm unterhalten. Ausführlich. Nicht auf Hawaii, dort war es zu heiß. Nein, dort wo immer. Zuhause unterwegs. In Gedanken versunken. Xanthippe beschwert sich, er wirke abwesend. Geisterhaft.

Er entgegnet: „Da meinst du den anderen. Den Zeitgeist, der mir gegenüber sitzt."

Sagt sie: „Ich sehe niemanden. Nur dich."

Was Sokratztes zu einer spöttischen Bemerkung veranlasst: „Manche sehen selbst jene Geister nicht, die überall anzutreffen sind. Ununterbrochen ihr Unwesen treiben."

Geister? Berufshalber unberechenbar.
Schüren Zweifel. Lösen Panik aus.
Der Zeitgeist? Hält da fraglos mit.
Entzieht sich oft der Wirklichkeit.
Und geht es um Gespenster, die man ruft,
gesellt sich ohne Frage die Politik hinzu.

NEHMEN ES POLITIKER MIT DER WAHRHEIT NICHT GENAU?

Korrekt ist, dass political correctness
rein gar nichts mit Wahrheit zu tun hat.

Genau genommen haben Politiker den Mut,
nichts von der reinen Wahrheit zu nehmen.
Es gibt der Wahrheiten zu viele.

Die auf Hochglanz polierte Wahlfang-Wahrheit.
Dient dem vollständigen Ausschlachten von Wählern.

Die unzutreffende Wahrscheinlichkeits-Wahrheit.
Folge des Realitätsverlustes durch Statistikgläubigkeit.

Die täglich wechselnde Wendehals-Wahrheit.
Entsteht, weil die Politik aufgrund des Wahlzyklus
hormonell permanent unter den Wechseljahren leidet.

Die staatlich indoktrinierte Wundersam-Wahrheit.
Rettet die Politik und ihre Protagonisten.
Denn nur Wunder können diese Spezies
vor der Wut ihrer Wähler schützen.

Last not least die Unwahrheit.
Das Dementi.
Politiker sind in der Regel demenzerkrankt.
Verlieren wegen der unterschiedlichen Arten
von Wahrheiten regelmäßig den Durchblick.

Genau genommen immer.

sokratztes – #wahrheit wird verwahrt

WAHLKAMPF

Wahlkampf? – Hat mit Demokratie nichts am Hut.
Urzeitliches Relikt des männlichen Geschlechts.

Brunftzeit ist Kampfzeit.
Die größten Hörner, das lauteste Röhren,
das aufgeblasenste Quaken kürt den Sieger.
Der Sieger wird Leitbulle. Platzhirsch. Revierherrscher.
Mit Privileg zur Paarung. Zeitlich limitiert.
Herde kontrollieren. Konkurrenten verjagen.
Unterlegene Schwanz einziehen. Bis zur nächsten Brunft.

Paarungsrecht? – Hat mit Demokratie nichts am Hut.
In der Neuzeit muss der Sieger Ersatz suchen.
Herrschen statt Harem. Zeitlich limitiert.
Geld vermehren statt Geschlechtsverkehr.
Gedankengut implementieren statt Gene weitergeben.
Volk kontrollieren. Opposition verunglimpfen.
Bis zur nächsten Wahl.

Verhalten im Brunftkampf. Verhalten im Wahlkampf.
Genetisch das Gleiche. Geistig limitiert.
Die Zeit dazwischen. Demokratisch behindert.
Hat mit Demokratie nichts am Hut.
Schädel aufeinander krachen lassen.
Mit Argumenten um sich schlagen.
Sich aufblähen. Den eigenen Duft versprühen.

Dem Volk stinkt's.
Aber es hat keine Wahl.

sokratztes – sei's drum und #gomorrha

PARTEILICHKEIT

Der Part ist ein Teil. Kann nie das Ganze sein.
Parteien verhindern ganzheitliche Politik.
Teilen, zerteilen, spalten. Spaltung gibt Streit.
Parteipolitik endet unabwendbar in endloser Streitkultur.
Griechische Philosophen und Denker haben sie erfunden.
Den Dialog. Den Diskurs. Das Debattieren als Wettstreit.
Hobby intelligenter Hellenen, die sich im Siegen übten.
Körperbetontere Landsleute taten dies in Sparta.
Beides wurde Kulturgut. Europäisches wohlgemerkt.
Europäisches missionarisch der Welt aufgezwungen.
Weltkulturerbe. Im Positiven wie im Negativen.
Olympia. Und Kampf politischer Parteien um den Sieg.
Ziel? Einem Teil die Macht über den Rest zu sichern.
Nicht als Hobby. Blutiger, die Menschheit spaltender Ernst.
Parteilichkeit als Waffe zum Herrschen.
Divide et impera.
Römische Kaiser haben es uns vorgelebt.
Ave Caesar. Es lebe die moderne Demokratie.
Konsens verunmöglicht. Bestenfalls bleiben Kompromisse.
Ganzheitliches Denken? Würde Parteilichkeit vernichten.
Dieses Maskuline Gewinnen-Wollen. Das Siegen-Müssen.
Deshalb: The battle must go on.
Die Lösung?
Hätte Matriarchat überlebt, gäbe es andere Formen?
Gemeinwohl. Ganzheitlichkeit. Konsensgesteuert?
Ohne Gewinner und Verlierer.
Männer untereinander könnten sich im Kampf üben.
In Sparta siegen. Ohne Schaden zu hinterlassen.

sokratztes – #partigiana bella ciao

MÄNNLICHE FORMEN
IST DAS ZEITGEMÄSS?

Nein.
Denn das Maß der Zeit bestimmen nicht der Mensch,
die Menschin oder das intersexuelle Menschi.

Aber der Mensch, die Menschin und das Menschi
halten sich fälschlicherweise für das Maß aller Dinge.

Mich kratzt es nicht,
wenn inter, frau, man hinter meinem Rücken lästern:
„Sokratztes? Eine bedeutende Persönlichkeit?
Nein! Eine bescheuerte Person."
Obgleich sowohl Person wie Persönlichkeit
weibliche Artikel haben,
büßt dadurch kein Mann an Männlichkeit ein.

Eine Frau aber als Person oder Persönlichkeit
zu bezeichnen, ist krass diskriminierend.
Gendergerecht muss dieses Wort ersetzt werden
durch Pertochter und Pertöchterlichkeit.

Die Silbe –son tönt durch und durch maskulin.
Verleugnet auf verwerfliche Art das weibliche Geschlecht.
Perinter mit starker Perinterlichkeit
werden mir zustimmen.

Zeitgemäß aber ist auf jeden Fall,
dem Zeitgeist mit Nachsicht zu begegnen,
denn nachhaltig war der noch nie.

la #sokratesse

GRÜN HINTER DEN OHREN

Vom Fahrrad umsteigen aufs E-Bike.
Der Natur zu Liebe.
Den Finanzmarkt um den Handel
mit dubiosen CO_2-Zertifikaten bereichern.
Bio-Baumwolle aus Bangladesch kaufen.
Bio-Bananas aus Honduras einfliegen.
In Nachhaltigkeit zwecks Rendite investieren.
FSC-Mix Papier und Holz verwenden.
Alles der Natur zuliebe.
Grün hinter den Ohren.

Grün mit vollem Verstand.
Abschied von Wachstum und Gewinnmaximierung.
Statt Tesla fahren Technologie exportieren.
Entwicklung fördern. In Afrika und anderswo.
Wohlstand und Konsum zurückfahren.
Armut abbauen. Chancengleichheit schaffen.
Der Natur zuliebe.

Grün? Es wird rot vor Augen.
Gemeinwohl? Umverteilung? Neue Wirtschaftsordnung?
Der Natur zuliebe?
Kommunismus! Gleichmacherei!
Untergang der Menschheit!
Und der Umwelt.
Ende.
Aus.

#sokratzteskeinenmehr

ERNEUERBARKEIT

Energiedebatte. Die Wende. Medialer Dauerbrenner.
Tummelplatz für CO_2-Leugner, Licht-aus-Neandertaler.
Erderwärmungs-Enthusiasten und Energieriesen.
Diskutieren Sie mit! Ihre Meinung ist gefragt!

Energie-Wende? Alles wendet sich von allein.
Früher oder später. War schon immer so.

Sonne? Erneuerbarkeit? Ist mir neu.
Dachte, die sei in 4 Milliarden Jahren abgefackelt.

Holz? Feinstaubschleuder. Umweltverschmutzer.
Borkenkäfernahrung. Nachwachsende Waldbrandgefahr.

Wind-Energie? Erneuerbar? Ja, aber schweineteuer.
Dieses Erneuern und Ersetzen der Monsterpropeller.

Erdgas? No Problem. Erdkruste erwärmen.
Tundra auftauen. Methan vergast im Überfluss.

Braunkohle? Erneuerbar? Aber ganz sicher.
Amazonas-Urwald abholzen. Baumstämme einmachen.
Abwarten. Gibt neues Kohlevorkommen. Zu langsam?

Schneller Brüter. Plutonium. 24'000 Jahre Halbwertszeit.
Selbstläufer! Sensationell! Ersetzt alle Erneuerbarkeit.

User- und Leserkommentare in den Medien?
Erneuern unseren Wissensstand volksnah und nachhaltig.
Schwer erneuerbar bleiben einzig Meinungen.
Vorgefasst. Festgefahren.
Aber täglich neu gefragt.

sokratztes – #meinungsfeinheit

25

NEOPHYTEN NEOZOEN

Zuwanderung verboten.
Die Fremdenfeindlichkeit des Naturfreundes.
Natur muss in dem Zustand erhalten werden,
der wissenschaftlich und amtlich festgehalten wurde.

Gut gab es Ende Eiszeit keinen Biosphärenschutz.
Weite Teile Europas Moränenlandschaft. Wüst und leer.
Haufenweise kamen Neophyten und Neozoen.
Das Land wurde grün und grüner. Belebte sich.

Später half der Mensch nach.
Römer brachten den Nussbaum. Kolumbus die Kartoffel.
Mischwald wurde Nutzholz. Tiere zu Nutzvieh.
Neophyten und Neozoen folgten Bauzonen, Neobauten.
Und Neonlicht. Aber jetzt ist Schluss.

Umweltämter und Regierungen befassen sich damit.
Mit invasiven gebietsfremden Arten.
Gebietsfremd bedeute Herkunft außerhalb EU/EFTA.
Nicht Vegetationszonen? Nein. Politische Grenzen!
Olivenbäume in Lappland heimisch?
Die Rentierzucht auf Zypern auch?
Wehe dem russischen Bären, der sich nach Polen wagt.
Wehe dem Samen, den es von Tunis nach Malta weht.

Illegal Eingewandertes ausreißen. Verbrennen, vertreiben.
Kommt einem irgendwie bekannt vor.
Beigeschmack von Rassenwahn.
Von unnatürlicher Reinheit.
Mitten in einer von Menschen verdreckten Welt.

sokratztes – #neonaturzis

LINKISCHES VERSAGEN

Die Linke. Zunehmend links liegen gelassen.
Dabei kümmert sie sich um Rechte. Die der Menschen.

Müller, Meier, Barth? Arbeitslos. Zahllose Familienväter.
Bericht: Chiaoui Yaouki. Ebenfalls arbeitslos.
Vor drei Jahren aufgenommen. Als Asylant.
Konnte Fluchtkosten noch nicht zurückzahlen.
Tina, Arbeiterfamilie. Top Schulnoten. Kein Stipendium.
Bericht: Hadeel, dreizehn. Hängt auf Lesbos fest.
Wollte doch in Deutschland Medizin studieren.

Einzelschicksale als ideologische Waffe missbraucht.
Statt Einsatz für eine mündige Welt. Frei von Ideologien.

Die Nach-68er. Die hatten was auf dem Kasten.
Che Guevara Plakat über dem Bett. Obligatorisch.
Solidaritäts-Telegramme nach Chile. Teuer dazumal.
Rote Sterne auf US-Army-Jacke aufbügeln.
Reis kaufen im Chinaladen. Rotwein trinken.
Apfelsaft, Weißbrot und Emmentaler boykottieren.
Und gesungen wurde damals auch noch:

„Wacht auf, ihr Linken dieser Erde,
die stets man debattieren hört.
Die Rechte kontrolliert die Herde,
eine Macht, die niemand stört."

Linkisches Versagen?
Rechtlich unbedenklich.

sokratztes – lena weck den #lenin

ASYL

Vorläufig aufgenommen. Aufgenommen mit Bleiberecht.
Abgewiesen. Ausgewiesen. Zwangsausschaffung.
Ausländische Flüchtlinge. Wirtschaftszuwanderung.
Gesetzlich geregelt. Genfer Konvention.
Viele Rechte. Manches Unrecht.
Oft und lautstark diskutiert.

Einheimische, inländische Heimatvertriebene?
Sie gehen vergessen.
Die Mieter.
Menschen in der eigenen Heimat. Ohne Bleiberecht.
Vorläufig aufgenommen. Ein Leben lang.
Können fast jederzeit gekündigt werden.
Ausgewiesen. Bei Weigerung Zwangsräumung.

Leibeigene des Mittelalters hatten meist Wohnrecht.
Lebenslang. Nicht selten sogar vererbbar.
Mussten den Zehnten abliefern. Ein Zehntel ihres Ertrages.
Zehn Prozent? Davon träumt ein Großteil der Mieter.

Abertausende von ihnen werden vertrieben. Entwurzelt.
Verlieren den Boden unter den Füßen. Ein Stück Heimat.
Für das sie Monat für Monat bezahlt haben.
Anderen zu Wohlstand und Reichtum verholfen haben.
Sie sind die unterste Kaste der Gesellschaft.
Kein Asylrecht schützt sie. Niemand nimmt sich ihrer an.
Spricht von den Verletzungen. Der Würdelosigkeit.
Viel Unrecht. Wenig Recht.
Die Gesellschaft? Hüllt sich in Schweigen.

sokratztes – their #homes are my castle

SOCIAL DISTANCING

Allgegenwärtiges Schlagwort der Corona-Krise.
Zu Hause bleiben. Kontakt vermeiden.

Wir leben das.
Wir leben Social Media.
Social Media ist Social Distancing.
Mailen, Simsen, Whatsappen, Facebooken.
923 Freunde online. Davon 921 nie getroffen.
Zehntausend Follower. Mit keinem je gesprochen.
Nacktfotos mailen. Und unter Berührungsarmut leiden.
Bis nachts um drei auf dem Smartphone rumfingern.
Einsame Porno-Nächte bis ins Morgengrauen.
Chatrooms voller User mit Fake-Profil.
Wir zelebrieren Social Distancing.
Wir lieben es.

Auf einmal erschien eine Kontakt-Verordnung. Offiziell.
Anderthalb Meter Abstand wegen Infektionsrisiko.
Eine amtliche Aufforderung sich einander anzunähern!
In Zeiten von Social Media und Virtual Reality?

Zwei Armlängen Distanz. Sichtkontakt mit Live-View.
Unterhaltung ohne Kommunikations-App.
Gähnend langweilig.
Umgangsformen aus dem Mottenschrank.
Meine Oma machte das am Dienstagnachmittag.
Sie nannte es Kaffeekränzchen.

sokratztes – #stammtisch

DAS UNWORT

Herdenimmunität.
Das Unwort des Jahres 2020.
Viehzüchtersprache.
Kranke und schwache Tiere aussortieren.
Gesunde, wirtschaftlich ertragreiche Herde schaffen.
Am besten eine widerstandsfähige Rasse.
Nennt man Zuchterfolg.
Lässt das Züchterherz höher schlagen.
Und das der Wirtschaft.

Wird im Nachhinein als Unwort verboten.
Rassismus, Eugenik, Adolfsprache.

Der Mensch als Herde? Duden zitiert:
„Menge unselbstständig denkender Menschen,
die sich willenlos führen lässt."
Wunschvorstellung der globalen Marktwirtschaft.
Abartiger Traum aller Diktatoren.

Wir denken. Wir handeln.
Wünschen uns ein Jawort zum Leben.
Volksimmunität. Immunität der Menschheit.
Immun gegen Corona und andere Seuchen.
Und immun gegen die Viehzüchtersprache.
Diejenigen, die sich ihrer bedienen, aussortieren.
Nennt man ethische Säuberung.
Neuwort des Jahres.
Noch nicht im Duden.

sokratztes – muh, muh, muh, #blöck

HUMANKAPITAL

Der ökonomische Wert des Arbeitstieres Homo.
Die Wirtschaft hat den Menschenhandel neu definiert.
Humankapital. Was ist ein Mensch wert?

Dazumal: Alter, Gesundheit, Muskelmasse.
Heute: Fähigkeit, Fachwissen, Erfahrung, Motivation.
Unter welchen Voraussetzungen sind Menschen rentabel?
Wie hoch sind Beschaffungs- und Unterhaltskosten?
Was erbringen sie an wirtschaftlichem Nutzen?
Wann müssen sie abgestoßen oder ausgetauscht werden?

Lebensgrundlage des antiken Patriarchen:
Ein Hof, eine Frau, ein Ochse.
Basisgröße für die heutige Weltwirtschaft:
Humankapital. In milliardenfacher Ausführung.

Wo bleib der Aufschrei?
Der Ruf nach einer Wirtschaft mit Humanwert?
Einer Haushaltsführung, die den Menschen dient?
Er bleibt aus.
Verschollen seit dem Ende des Matriarchats.

Sklaven haben den Zielen ihrer Herren zu dienen.
Warum versklavt der Mensch dann nicht die Wirtschaft?
Macht die Ökonomie zum pflügenden Ochsen?
Zum unterwürfigen Arbeitstier der Gemeinschaft?

Ein Affront sondergleichen!
Die freie Marktwirtschaft bleibt frei!
Allez au combat! Auf in die Schlacht!
Pour la liberté, l'inégalité et la rentabilité.

sokratztes – #renntiere rentieren

31

MERCEDES BENZ

Genug kann nie genügen.
Verlangen. Fordern. Erzwingen. Erstreiten.
Manager satte Boni. Trotz Firmenpleite.
Frauen tieferes Rentenalter. Wegen Gleichberechtigung.
Tuning-Cowboys? Die Aufhebung aller Tempolimits.
Gehörlose fordern bei Pandemien transparente Masken.
Andere Vermummungsverbot. Oder 365 Tage Fasching.
Plattfußverein fordert das Abschleifen der Berge.
Zwecks erleichterter Alpenüberquerung.
Asexuelle die Ehe für Einzelpersonen.
Plus das Recht, sich selbst alleinig zu beerben.
Katzenhalter? Stimm- und Whiskasrecht für Haustiere.
Die Zuckerindustrie? Diabetes für alle.
AG für Sterbehilfe? Obligatorischen Exit ab 50.
Ohne Abdankung. Danke. Das war's.

Fußballer bedanken sich wenigstens noch.
Tooor! Bekreuzigen. Blick gen Himmel.
Muchas gracias Jesus. Un millón más. Tax free.
Janis Joplin war bescheidener. Sie sang:
"Oh Lord, won't you buy me a Mercedes Benz."

Ist eine Forderung erfüllt, folgt die nächste.
Der satte Teil der Menschheit. Konstant auf Betteltour.
Eine Form von Wohlstandsverwahrlosung.
Und wer hat all die Forderungen zu erfüllen?
Früher war Gott der Allmächtige zuständig.
Heute sind es Politik und Staat.

sokratztes – #gimme some lovin'

GANGSTA-RAP

Ich seh Money. Money. Will Geld begrapschen.
Sei mein Hero. Hero. Will Held beklatschen.
Scheiß drauf. Scheiß drauf. Will Welt abwatschen.
Ich will. Ich will. Weil Wollen alles ist.

Gib dein Money. Money. Mann gib alles her.
Nenn mich Hero. Hero. Geil macht alles quer.
Scheiß drauf. Scheiß drauf. Mehr ist eh zu schwer.
Ich will. Ich muss. Weil Muskeln alles ist.

Love you. Honey. Honey. Ich geb alles aus.
Auf geht's. Zero. Zero. Last game over. Raus.
Reiß auf. Reiß auf. Mach die Lichter aus.
Ich will. Will dich. Weil Wollen alles ist.

Thank you. Honey. Honey. That's it. Say good-bye.
Life means Zero. Zero. Sense. Einerlei.
Reiß auf. Reiß auf. Reiß die Welt entzwei.
Ich will. Ich muss. Weil alles Müssen ist.

Nur noch Money. Money. Nerds, die bloß so ticken.
Und du Honey. Honey. Hör endlich auf zu nicken.
Will nicht. Will nicht. Dass Wollen alles ist.
Sexlife. Zero. Zero. Ganzen Globus ficken.
Sales Out. Zero. Shoppen und Ersticken.
Will nicht.
Dass aller Wille Wollen ist.

sokratztes – #wanted. dead or alive

LA CASA DE PAPEL?

Haus des Geldes.
Crime und Money.
Nichts fasziniert den Mittellosen mehr.
Und noch mehr jene, die nie genug bekommen.
Tokio, Berlin, Rio, Helsinki, Oslo, Moskau, Denver,
Nairobi – der weltweite Traum vom perfekten Coup.
Das Genie, in dessen Superhirn dummerweise
nur eine einzige App funktioniert.
Die Maßlos-Bereicherungs-App.
Im Rauschzustand der Illegalität.
Sich Verbergen. Fliehen. Folter im Geheimen.
Intrigen. Liebe. Kugelhagel. Geiselnahme.
Game over.

Nein! Netflix will, dass es weiter geht.
Nimmt seine User als Geiseln. Lässt sie nicht mehr frei.
Da helfen auch keine monatlichen Lösegelder.
Netflix – ein Serienmörder.
Imprudencias letales.
Millionen fallen ihm zum Opfer.
Müssen ihr Leben dafür hingeben,
um Tag für Tag Serien zu schauen.

La casa de papel.
El papel – das Papier.
Ein Kartenhaus. Bis es zusammenbricht.
Und die Freiheit neu geboren wird.

sokratztes – #el que la sigue la consigue

HOMO HORMONIS

Homo von heute steuert seine Hormone.
Geht zum Lifestyle-Arzt. Peppt sich auf.
Glückshormone. Top-Leistung. Fitness. Ewige Jugend.
Gegebenenfalls operativ nachbessern.
Raubt ihm den Schlaf. Nimmt ihm die Balance.
Kostet einen Haufen Geld.

Geht auch anders. Klassisch. Sozusagen antik.
Bewegung. Körperliche Leistung. Maximalkraft.
Mit Adrenalinschub. Ermöglichte einst die schnelle Flucht.
Heute Befreiung aus der Tretmühle. Aus dem Office.
Hirn abschalten. Back to the Body.
Dopamin und Serotonin folgen nach.
Ausgepowert. Glücklich. Fit und gesund.

Doch der Verstand reklamiert.
Gehirn und seine Logik akzeptieren kein Time-Out.
Datenhunger. Schnell-Check. Was geschah ohne sie?
Sekundenbruchteile. Kalorienverbrauch. Pulswerte.
Back home wird die Offenlegung aller Daten verlangt.
Körper- und Leistungsparameter.
Vergleichszahlen. Zielwerte. Zukunftsprognosen.

Hatte Mutter Natur nicht vorgesehen.
Weder den Lifestyle-Doc. Noch die Fitness-Gadgets.
Nach der Flucht? Keine Detailanalyse. Sondern Chill-out.
Rest war gesunde Selbstwahrnehmung.

Der Körper ruft. Adrenalin-Kick wartet. Auf geht's!
Daten sammeln. Solange es dem Glückshaushalt hilft.

sokratztes – zero #tonus

KÜNSTLICHE INTELLIGENZ

Nicht alles Automatische ist künstlich intelligent.
Weiß jeder, der von der Aufzugstür eingeklemmt wird.
Aber die künstliche Intelligenz wird kommen.
Zeiten, in denen wir uns selbst in den Schatten stellen.
Vor lauter Robotern den Menschen nicht mehr sehen.

Nicht nur wird Oma vom Pflegeroboter angepiepst.
Allerliebste Alte, Süppchen-Update, vom App serviert.
Nicht nur hört der Japaner seine Silikonfrau quieken.
Oh, mein Kleiner, du hattest heute wieder den Größten.
Der Cat-Robotor miaut, scheißt geruchlos ins Kistchen.
Batterielose Spatzen flattern zwischen Polyesterbäumen.
Ersterer frisst Letztere. Wenn der Vertrag ausgelaufen ist.

Die Krone aller Human-Robotik?
Your Personal-Roboter. Vollkommen autonom.
Du selbst. Mit Haut und Haar kopiert. Sitzt dir gegenüber.
Voll gechipte, getunte, exakte Kopie deiner selbst.
Endlich jemand, der über das Gleiche flucht wie du.
Dir hilft, dich dabei besser kennen zu lernen.
Bei deinem Gelabber niemals einschläft.
Dich nicht allein lässt, wenn der Cat-Roboter verreckt.
Einen Kater hat, wenn du besoffen bist.
Die Kosten für sämtliche Spiegel erspart.
Jemand, der weiß, wie es sich anfühlen muss, du zu sein.

Und sollte ihm die künstliche Intelligenz fehlen?
Du weißt warum.

sokratztes – #au weia

LEHRER ODER GURU?

Lehrer vermeinen genug zu wissen,
um andere belehren zu können.
Von denen sie wissen, dass sie nichts wissen.
Belehren sie, damit sie das Gleiche wissen wie sie selbst.
Bezüglich Lernende sind sie oft Unwissende.
Bezüglich ihres Nichtwissens ebenso Unwissende.
Massives Manko. Kompensiert durch Besserwissen.
Das Ego verdankt es ihnen.

Gurus wissen, wie man andere
verleiten, verführen und benutzen kann.
Der Börsenguru päppelt sein Depot
mit der Dummheit seiner Anhänger auf.
Der Sektenguru schenkt falschen Sekt ein,
bis Frauen trunken sind nach seiner Halbgottheit.
Der Influencer ist ein Halbguru der zahmeren Art,
der zahllose Hilfsbedürftige zu Followern degradiert.
Der gefeiertste aller Gurus
ist der Guru der freien Marktwirtschaft.
Der Sklaventreiber im Dienste des Kapitals.
Alles Wohl der Welt geht ihm am Arsch vorbei.

Der wahre Lehrer? Ist das Leben.
Der einzig gutgesinnte Guru?
Bleibt die Gunst des Schicksals.

sokratztes – #was bin ich?

MEDITATION

Weg zur Erleuchtung? Passé.
Gibt bereits genug Lichtverschmutzung.
Klassische Praktiken erfahren Update. Zeitgeistkonform.
Östliches verhilft dem Westler zum Karriere-Erfolg.
Mit Hilfe von Zen-Meditation zum Top-Manager.
Dank Vipassana zu vielen, vielen Dollars.

Ursprünglich?
Vom Außen zurückkehren. Zur inneren Wahrnehmung.
Loslassen von allem. Was denkt, fühlt, beschäftigt.
Eintauchen in eine absolute Absichtslosigkeit.
Absichten, Aussichten und Weitsichten gibt es genug.
Nicht Weniges davon erweist sich als kurzsichtig.
Setzt unter Druck. Erzeugt Stress. Endet in Leere.

Geboren zu werden? War nie unsere Absicht.
Absichtlich sterben? Ausweglosigkeit, Apathie, Agonie.

Pausieren Vorhaben und Absichten, fällt der Zufall ein.
Zahllose bedeutende Erfindungen? Nur ihm zu verdanken.
Große Ideen? Nicht selten aus dem Nichts geboren.

Meditation nimmt Druck weg. Stress. Mündet in Leere.
Gesunde Passivität. Gönnt dem Aktivismus eine Pause.
Nicht etwa das Ende von etwas.
Nein. Ein immer wiederkehrender Anfang.
Absichtslosigkeit macht ihren Wert aus.
Unbezahlbar. Unverkäuflich.
Immateriell.

sokratztes – #o mani statt manie

VON
KOMPLEXEN PROBLEMEN

Xanthippe meint, das Männerdasein sei ein komplexes Problem, der Mann selbst ein undefinierbares Objekt.

Sokratztes holt zum Gegenschlag aus. Ihre Ansicht sei eine Folge davon, dass sie weder Fußball schaue noch Bier trinke. Darüber hinaus würde sie sich nur ungern wahrhaft komplexen Fragen stellen. Der Relativitätstheorie zum Beispiel. Auch nicht der Unschärferelation, obwohl sie dringend eine Lesebrille benötige.

Erwidert sie: „Und du? Du siehst vor lauter Denken nicht einmal Nachbars Katze. Egal ob mit oder ohne Brille."

„Schrödingers?" fragt er.

„Nein. Nachbar heißt Meier. Max. Der mit dem Mercedes. Weißt du, an was mich dein Hirn immer häufiger erinnert? An ein schwarzes Loch. Das wird wohl an der Schwerkraft deiner Gedanken liegen."

Sokratztes? – Ausnahmsweise fehlen ihm die Worte. Und so vertieft er sich nachhaltig in komplexe Probleme.

Probleme werden zum Problem. Verfolgen.
Selbst die, die keine Lösungen versprechen.
Je komplexer, desto unbeantwortbarer.
Mit ihnen spielen. Einfach fallen lassen.
Problemlosigkeit? Gesetzlich zugelassen?
Unter Vorbehalten. Aber schwerelos zu finden.

UfO

Unidentified Flying Objects.

Rätselhaft. Beschäftigen vornehmlich Männerwelt.

Neben dem dominanten Flying Object. Bestens definiert.

Nicht tellerförmig. Sondern rund. Der Fußball.

Das massivste UFO-Problem des Mannes?

Unidentified Female Object.

Nicht rund, aber diverser Rundungen halber.

Außerirdische Aliens. Überirdische Weiblichkeit.

Ein eher Unterirdisches nach Bällen treten.

In Summe irdische Bedürfnisse von zentraler Bedeutung.

Männlich. Erdnah. Klar definiert.

Beschleicht den Mann angesichts ungelöster Probleme

UFO – ein undefinierbar fatales Ohnmachtsgefühl?

Erhofft er sich Rettung durch Außerirdische?

Echte UFOs gibt es. Kein Zweifel.

Sie reißen Ozonlöcher in die Atmosphäre.

Quirlen mit Lichtgeschwindigkeit durch die Galaxien.

Machen die Milchstraße dabei zu Butter.

Stechen schwarze Löcher aus. Erschrecken kleine Kinder.

Lass uns trotzdem Toleranz üben. Mit Außerirdischen.

Lass uns den Torjubel feiern. Bei Bier und Brezel.

Lass uns das Frauenstimmrecht neu überdenken.

Die Stimme des Mannes? Die zählt.

Die Stimmen der Frauen? Die multiplizieren.

Die Stimmen der Myriaden von Aliens?

Potenzieren. Katapultieren uns ins Universum hinaus.

Wo es weder Bier noch Brezel gibt.

sokratztes – am #boden bleiben

40

DIE UNSCHÄRFERELATION

Ein Quäntchen Physik.
Schwer verdaulich.
Man kann nicht zwei Sachen gleichzeitig messen.
Nur das eine feststellen. Oder das andere.
Siehst du Zug vorbeifahren.
Kannst entweder seine Geschwindigkeit messen.
Oder kannst seine Position bestimmen.
Ein Foto scharf, das andere unscharf.
Die Unschärferelation.

Sitzt du im Zug. Bestellst du Essen.
Spaghetti ohne Sauce. Chili con Carne.
Die Schärferelation.
Kannst du beides gleichzeitig essen.
Weißt du nicht, welches scharf oder unscharf ist.
Die Unschärferelation.

Kapiert? Quantensprung?
Zum Nachtisch Quarktorte mit Erdbeeren.
Oder Eichbosonen.
Stärkt die Grundkräfte.
Leicht verdaulich.

Heisenberg erhielt den Nobelpreis.
Er war scharf darauf.
Du erhältst die Rechnung fürs Essen.
Du bist nicht scharf darauf.

sokratztes – #leptonen sind leptosom

41

PHÄNOMEN EINSTEIN

Einstein.
Ein Stein fällt dir auf den Fuß.
Gravitationskraft.
Du krümmst dich vor Schmerzen.
Dir wird schwarz vor den Augen.
Seine Energie ist die Masse,
die deinen Zeh quadratisch quetscht.
$E = mc^2$
Ein Stein krümmt alles.
Einstein krümmt Raum und Zeit.
Ein einziger Stein krümmt die Raumzeit.
Quer durch das ganze Universum.
Wenn er genug Masse besitzt.

Gewaltige Gravitationskräfte.
Unvorstellbar.
Wie viele Zehen dabei quadratisch gequetscht werden.
Was sich dabei alles krümmt.
Diese Schmerzen.
Wegen Einstein.
Ein Phänomen.
Es wurde dir schwarz vor Augen.
Weil der Stein sogar das Licht gekrümmt hat.
Soweit die Relativitätstheorie.
Sie bringt Licht ins Dunkel.

Und nun zum Arzt.
Auf geradem Weg.

sokratztes – #albert war nicht schuld

SCHWARZE LÖCHER

Im Garten ein Holzschuppen.
Verschlossen. In der Wand ein Astloch.
Ein schwarzes Loch.
Den ganzen Tag fällt Licht hinein. Es bleibt stockdunkel.
Alles Licht wird einfach verschluckt.
Hineinrufen, hineinblicken. Weg und verschluckt.
Nichts zu sehen. Nichts zu hören.
Der ganze Schuppen ein schwarzes Loch.
Auf ewig verschlossen. Gibt seinen Inhalt nicht mehr frei.

Astrophysik oder kindliche Neugier. Im Garten.
Rote Riesen. Weiße Zwerge. Schwarze Löcher.
Der gelbrot flammende Riesenkürbis ein sterbender Stern.
Zurück bleibt ein weißer Zwerg. Ein Kürbiskern.
In der Erde ein schwarzes Loch. Verschluckt den Kern.
Gibt ihn nie wieder frei.
Auch Sterne werden geboren und sterben.
Irgendwann folgt ihnen das gesamte Universum.

Schwarze Löcher?
Das Gehirn ist eines davon. Verschluckt zu viel Zeit.
Gibt sie nicht wieder her.
Schwarze Löcher?
Nicht geeignet für Kinder unter drei Jahren.
Auch sie könnten verschluckt werden.

Im Garten scheint ein Stern. Die Sonne. Schön und warm.
Vielleicht ist es besser Bohnen zu ernten als zu denken.
Schwarze Löcher mit roten Rosen zu füllen.
Und? Gibt es auch weiße Löcher?

sokratztes – #hole in one

SCHRÖDINGERS KATZE

Ein System kann verschiedene Zustände haben.
Doch erst durch Beobachtung nimmt es einen Zustand ein.

Physiker Schrödinger wollte dies veranschaulichen.
Nahm eine hermetisch verschlossene Kiste.
Drinnen Katze, Gift, Radioaktives und Detektor.
Irgendwann löst der radioaktive Zerfall den Detektor aus.
Der veranlasst Austritt des Giftes. Katze stirbt.
Highlight dieses Gedankenexperiments?
Erst, wenn der Beobachter die Kiste öffnet, weiß er es.
Zustand der Katze? Tot oder lebendig!

Bin nicht Physiker. Habe Garten. Nachbar hat Katze.
Die Katze ist im Garten oder sie ist nicht dort?
Gehe zum Fenster. Schaue hinaus.
Katze nimmt Zustand ein. Entweder da oder nicht da.
Beobachte ich nicht, nimmt sie keinen dieser Zustände ein.
Ohne Beobachter gibt es kein ‚da' oder ‚nicht da'.
Dann ist die Katze einfach, wo sie gerade ist.

Wissenschaftler machen es sich nie einfach.
Wissen ist, was akademische Umwege durchlaufen hat.
Dadurch messbar und beweisbar geworden ist.
Vorher war es Nichtwissen.

Außer für alle Normalsterblichen.
Die wussten bereits das meiste davon. Lange zuvor.
Dank gesundem Menschenverstand.
Und den wird die Wissenschaft nie beweisen können.

sokratztes – in #vino veritas

PI

3.14159265358979323846264338327950288

Pi. Die Kreiszahl.
Drei Komma eins vier eins fünf neun
zwei sechs fünf drei fünf acht neun sieben neun drei
zwei drei acht vier sechs zwei sechs vier drei drei
acht drei zwei sieben neun fünf null zwei acht acht

Und so weiter. Und so endlos, endlos, endlos.
Mehr als 22 Billionen Stellen wurden schon ermittelt.
Welch überwältigende, faszinierende Genauigkeit!

Andächtig beginnt man zu lesen.
Hört nie wieder auf.
Schnellleser bräuchten an die hunderttausend Jahre.
Dreikommaeinsviereinsfünfneunzweisechsfünfdrei...
Ein ehrwürdiger Schauer ergreift uns.
Die Erkenntnis schlägt ein wie ein Blitz.
Heureka!
Das ist es.
Der Mensch, die Krönung der Sinnlosigkeit.
Der endgültige Beweis für all sein Unvermögen.
Ein Unvermögen, das wie die Zahl Pi nie ein Ende findet.

Es lebe der Anfang. Es lebe das Ende.
Und damit schließt sich der Kreis.

sokratztes – #pi, die stockung

DAS NICHTS

Gibt es das Nichts? Ein Nichts?
Existiert es nur als Begriff? Als bloßer Gedanke?
Nichts im Glas? Mitnichten besteht der Inhalt aus Nichts.
Das Glas ist randvoll. Unsichtbare Fülle. Luft.
Diese wird zum Nichts. Durch die Funktion des Glases.
Und die Beurteilung. Ausgehend von einem gefüllten.
Weil wir lieber an volle Gläser denken.

Beschäftigt uns der Raum zwischen unseren Fingern?
Die Leere? Nein. Weil wir Zwischenräume erwarten.
Niemand denkt an zusammengewachsene Finger.
Wie entstand dieses Nichts? Zwischen den Fingern?
Dem Fötus wuchsen Flossenhändchen. Kleine Schaufeln.
Dann starben reihenweise Zellen ab. Auf Kommando.
Die Finger trennten sich. Dazwischen wuchs das Nichts.
Um später ein Leben lang gefüllt zu sein. Mit Luft.

Zuerst etwas. Es trennt sich. Platz für das Nichts entsteht.
Das trotzdem immer mit etwas gefüllt ist.
Mit Luft. Oder Licht. Energie und Strahlung.
Physikalischen Grundkräften. Ihren Wechselwirkungen.

Gedankenspiel eines indischen Gurus:
Schau deine Hand an. Was siehst du? Fünf Finger.
Das Nichts zwischen den Fingern? Das siehst du nicht.
Aber die Finger werden vergehen. Die Lücken dazwischen?
Die überdauern. Sind unsterblich.

Der Mensch. Und das Nichts. Reines Gedankenspiel.
Eine Art Nicht-Beziehung. Und mitnichten fassbar.

sokratztes – nicht mal #nichts

ENCEPHALOBACTER NIHILENSIS

Eines der gefährlichsten Bakterien der Welt.
Laut Experten auch eines der schnellsten.
Es befällt das Gehirn.
Schlagartig.
Nichts bleibt übrig.
Blue screen of death. Im Gehirn. Ohne Neustart.

Wer davon befallen wird, kennt diesen cerebralen Schock.
Mitten in der Prüfung. Alles weg. Leere.
Encephalobacter nihilensis.
Nicht einmal Totstellen hilft.

Donald Trump. Unmittelbar nach Amtsantritt. Aus.
Er merkte nichts davon. Schwafelte weiter. Unentwegt.
Encephalobacter nihilensis.

Und wenn Sie diese Seite zu Ende gelesen haben?
Sie können sich an nichts erinnern.

Wie hieß das Ding.
Endziffer? Au Backe. Nil-Enten?
Ente gebacken. Mit Linsen?
Oder gar nichts zu essen.
Kühlschrank wieder mal leer.
Warum?
Eh?
Was war leer?

...

Krankheit weit verbreitet. Unbehandelbar.

...? – #so what?

UNENDLICHE GESCHICHTE

Die Krux mit der Unendlichkeit.
Dieser liegenden Acht.
Schon zu Schulzeiten nicht verstanden.
Logischerweise das Resultat der Division durch Null.
Diese aber bleibt verboten.
Damit alles sein Ende hat.
Die Mathematikstunde.
Und auch die Welt der Zahlen.

Trotzdem lässt sie sich nicht ausrotten.
Die Unendlichkeit.
Das Endlose. Das, was kein Ende findet.
Erreicht Menschen in allen Lebenslagen.

Herbert Niemann, Heimwerker und Modellbauer.
Sitzt im Hobbykeller, bastelt und bastelt.
Kann nicht mehr aufhören.
Merkelt immer weiter.

Angela Merkel. Von Hamburg mit Umwegen nach Berlin.
Auf der Politautobahn. Wurde zur Dauerbaustelle.
Reparaturarbeiten dauerten 16 Jahre.
Es wurde unendlich weitergemerkelt.

Das Merkel-Syndrom.
Resultat der Division durch Null.
Oder mathematisch korrekt – die Annäherung daran.
Je weniger passiert, desto länger dauert es.

sokratztes – wie beim #angeln

SELFISMUS

Evolution.
Der Homo sapiens war stets auch ein Homo speculum.
Verliebt und vernarrt ins eigene Spiegelbild.
Kaum erectus, machte er sich auf den Weg zum Wasser.
Um nichts anderes zu erblicken als sich selbst.
Später schliff er Glas. Dann ließ er sich portraitieren.
Fotografieren. Im 3D-Printer nachbauen.
Seine DNA einfrieren.

Der lange Weg zur eigenen Reproduktion.
Parallel zur Geschichte der Menschheit.
Vom stillen Brunnenwasser zu High-Tech-Komplexität.
Vom einfachen Naturereignis hin zu Klonen,
Kryokonservierung und aufgetauter Auferstehung.
Bloß um sich als Avatar im Spiegel wiederzuerkennen.

Doch dann kam das Selfie.
Nichts als das Selfie.
Das Selfie.
Das Selbst macht ein Bild von sich selbst,
das dieses Selbst für sich selbst betrachtet.
Immer wieder. Hundertfach. Tausendfach.
Bis das Selbst es satt hat, sich noch einmal zu begegnen.
Selfie und Selfismus.
Eine menschliche Meisterleistung,
Die Umkehrfunktion der Evolution.
Von der Vielfalt zur Einfalt.
Simply selfish.

sokratztes – #dna and dna and dna

BIO

Ein Imageproblem. Macht Kopfzerbrechen.
Bios – das Leben – gibt es in zahlreichen Formen.
Wissenschaftlich gesehen Millionen von Arten.
Dazu kommen die Consumer-Bios.
Vom Bio-Brot über Bio-Baumwolle bis Bio-Bett.
Älteste Bioprodukte? Steinkohle. Erdgas. Erdöl.
Biomasse aus ungespritzten Pflanzen. Und Tieren.

Wer Überleben will, braucht Nahrung. Bio-Nahrung.
Entweder gesundes Bio oder vergiftetes Bio.
Oder Mixed-Bio. Teilvergiftet, pestizidarm.
Pestizide bekämpfen keineswegs die Pest.
Die wurde besiegt. Sie bekämpfen deren Besieger.
Schnelles Vergiften ist Straftatbestand. Mord.
Schleichendes Vergiften? Wird subventioniert.

Unsere Vorfahren hatten überhaupt keine Ahnung.
Alle Nahrung Bio. Nichts entsprechend gekennzeichnet.
Die konnten noch gar nicht wissen, was gesund ist.
Wir wissen es. Bio ist gesund.
Doch was denken Bauernverbände und Agrarminister?
Stehen ihnen organisierte Giftmischer auf der Leitung?
Natürlich. Denn ohne Gift kein Überleben.
Pestizide ermöglichen Leben.
Verhindern den Hungertod.
Zugunsten von Allergien, Krebs und anderen Vorteilen.
Irgendwie alles verwirrend.
Scheint komplexes Problem zu sein.
Mit oder ohne Bio? Hauptsache überleben!

sokratztes – #viva survival

DIE MEHRWERTSTEUER

Ein Baum, der steht im Walde.
Wird gefällt, sein Holz gehandelt. Plus Mehrwertsteuer.
Zu Zellstoff verarbeitet. Plus Mehrwertsteuer.
Klopapier produziert, verkauft. Plus Mehrwertsteuer.
Die Logik? – Jeder Produktionsprozess schafft Mehrwert.
Jetzt ist das Klopapier ein Vielfaches mehr wert.
Als der Baum, der im Walde stand.

Nach der Benutzung wird es runtergespült.
Ohne Mehrwertsteuer. Minderwertig geworden.
Wo ist der Mehrwert hängen geblieben?
Am Allerwertesten.

Und wo bleibt die Minderwertsteuer?
Landwirt spritzt Pestizide.
Gemüse weniger wert. Er bezahlt Minderwertsteuer.
Facebook schwärzt Körperteile. Minderwertsteuer.
Spekulant überbaut Grünland. Minderwertsteuer.
Nationalbank schwächt Währung. Minderwertsteuer.
Dementis, Fake-News, Lügen. Minderwertsteuer.

Die Minderwertsteuer.
Ertragreich. Nachhaltig. Umweltverträglich.
Warum noch nicht freigeschaltet?

Die Wirtschaft leidet an einem Mehrwertigkeitskomplex.
Etwas mehr Minderwertigkeit täte ihr gut.
Dann wäre das Leben wieder mehr wert.
Mehrwert für alle. Und das steuerfrei.

sokratztes – die leiden des minderen #werthes

DISRUPTIVE SELEKTION

Es gibt Worte, die sollte es gar nicht geben.
So kompliziert sind sie. Wie dieses.
In der Natur? Ungewöhnliches Auswahlverfahren. Selten.
Die Erfolgsstory der Extreme gegenüber dem Durchschnitt.

Etwa so wie in der Gesellschaft von heute.
Randgruppen aller Arten gewinnen an Aufmerksamkeit.
Minderheiten dominieren die Berichterstattung.
Nur noch das Besondere, das Anderssein zählt.
Politik. Medien. Instagram.

Damit findet sie statt. Diese disruptive Selektion.
Der Durchschnitt verliert an Beachtung.
Das Normale sieht seine Berechtigung schwinden.
Dem Recht Weniger wird immer mehr Bedeutung zuteil.
Die Bedürfnisse der Masse treten in den Hintergrund.
Viele fühlen sich machtlos. Verschwinden im Nichts.

Polarisierung.
Neuorientierung der Gesellschaft?
Der endgültige Sieg der Minoritäten?
Oder der Untergang der Normalen?
Niemand weiß es vorherzusagen.

Der Duden der deutschen Sprache
kennt das Wort disruptiv:
„Ein Gleichgewicht zerstörend."
Der lateinische Ursprung macht es deutlicher:
„Zerreißen."

sokratztes – #patchworken

DER FREIE WILLE

Vorbestimmung oder freier Wille?
Ein Zankapfel am Philosophenstammtisch.

Es ist mein freier Wille, mich 58 Jahre alt zu fühlen.
Der Tafelspitz auf dem Teller? Ist vorbestimmt.
Habe ihn bereits gestern bestellt. Aus freien Stücken.
War mir quasi vorbestimmt, freien Willen zu zeigen.
Während andere sich willenlos dem Schicksal ausliefern.
Mit dem Tagesteller vorlieb nehmen müssen.
Vom Wirt vorbestimmt. Und so weiter.
Diejenigen, die an der Determiniertheit festhalten, bleiben.
Wer freien Willen besitzt, dem reicht es. Steht auf. Geht.

Früher war es eh einfacher. Alles war freier Wille Gottes.
Bei Widerspruch? Scheiterhaufen vorbestimmt.

Heute steht es in den Sternen.
Der freie Wille oder die Vorbestimmung.
Je nach Sternzeichen. Bereits bei Geburt klar festgelegt?
Ist das Leben also doch determiniert?
Terminiert ist es auf alle Fälle mehr als genug.
Wodurch der freie Wille zu oft abhandenkommt.
Wie bei der Steuerrechnung.
Die Philosophen nicht bezahlen müssen.
Weil man mit solchen Diskursen kein Einkommen erzielt.
Bleibt die Kopfsteuer. Verdreifacht.
Wegen übermäßigen freiwilligen Denkens.
Für ihre Berufsgattung vorbestimmt. Unwiderruflich.
Womit das Problem für heute hinreichend erläutert wurde.

sokratztes – #voller wille willenlos

HUHN ODER EI – WAS WAR ZUERST?

Was war zuerst da? Das Huhn oder das Ei?
Korrekt beantwortet nach lebenslanger Kontemplation.
Einloggen. Zoom-Conference mit Huà hén hǎo.
Cousin elften Grades in Hángzhōu.
Urenkel des Laozi.

„Nǐ hǎo – Huhn oder Ei?"

„Wú jí.
Leer der Kreis.
Nichts vorhanden, nichts sichtbar, nichts hörbar.
Alles existent, obgleich inexistent.
Huhn und Ei vorhanden, obgleich noch nicht da.
Der ewige Wandel bringt sie gemeinsam hervor.
Gleichzeitig und eines nach dem anderen.
Wie Tag und Nacht.
Tag und Nacht entstehen mit der Drehung der Erde.
Also entstehen sie gleichzeitig.
Wechseln einander ab, also eines nach dem anderen.
Obgleich sie eines nach dem anderen kommen und gehen,
beginnt immer irgendwo ein Tag,
woanders eine Nacht, also gleichzeitig.
Der ewige Wandel bringt alles hervor.
Lässt alles wieder verschwinden.
Habe Hühnersuppe mit Ei gegessen.
Leer der Teller.
Xià cì jiàn."

„Xièxiè."

sokratztes – #plenus venter non studet libenter

VON
TRIVIALEM UND MILLENNIEN

Hühnersuppe sei nun mal gesünder als Hot-Dog-Fresserei. Obwohl man dazu einen Löffel benötige, dessen Handhabung das gleichzeitige Denken behindere. Oder umgekehrt. Zudem sei gute Suppe sogar Bestandteil eines vornehmen royalen Buffets. Soweit Xanthippe.

Ausgekochte Hühnerknochen und anschließend Kaviar? Da würde er vor die Hunde gehen, meint Sokratztes, überdies hätten Ronaldo und Konsorten ihre Muskeln wohl kaum vom Suppenessen.

Sie kontert: „Vergiss die Muskeln. Suppe hin oder her, die Bachelorette würde dich nicht einmal als Türsteher akzeptieren. Und im neuesten Bond-Film bliebe dir bestenfalls die Rolle eines verpassten Millenniumsziels."

So viel zum banalen Alltag eines großen Denkers. Der sich nur unbedeutend unterscheidet vom Alltag all jener, die an gar nichts denken.

Millenniumsfeier? Sokratztes gibt einen Überblick
über sämtliche historische Millenniumsfeiern.
Für all diejenigen, die eine davon verpasst haben.
Und wendet sich den aktuellen Trivialitäten zu.
Nichts füllt die Medienlandschaft schneller als
der Wildwuchs des Banalen und Belanglosen.

TRIVIA

Keiner kommt drum herum.
Klatschspalten. People. Fußball. Royals.
Glanz und Gloria. Leben, Lust und Leiden der anderen.
Royal News.
Hat das süße Prinzlein gepupt? Die Windeln schon voll?
Wer solches liest, wird in andere Welten versetzt.
In Gedanken als Kammerzofe am königlichen Hof.
Mitwisserin im intimsten Gemach der Herrschaft.
Beinahe den Rocksaum ihrer Majestät berührt.
Dabei um Haaresbreite am Adelstitel vorbeigeschrammt.
Stattdessen morgen sechs Uhr. Scheißjob am Kiosk.

Messi und Ronaldo beim Steakessen.
Packende News. Wenn in der Sommerpause Leere gähnt.
Auf Cristianos Yacht? In den Katakomben des Camp Nou?
Oh ruhmreicher Ronaldo. Mein magischer Messi.
Ich fühle mit euch. Mich eurer Größe nahe.
Im Steakhouse. Als vom Schicksal begnadeter Türsteher.
Zu Hause? Vergammelte Wohnung. Selber Messie.

Der Mensch braucht das.
Nein. Nicht den Scheißjob. Die vergammelte Wohnung.
Die Kompensation dafür.
First Class Blick erhaschen. Sich in die Economy quetschen.
Einmal Executive Suite buchen. Danach Kredit abstottern.
Braucht den Traum vom besseren Leben.
Der mit den Royals nichts zu tun hat.
Mit Messi und Ronaldo auch nicht.

sokratztes – #prinzentorte essen

HOT DOG

Hot Dog. Inbegriff von Fastfood.
Weißbrot. Billiges Würstchen. Standard Sauce und Senf.
In Sekundenschnelle gefertigt. Lieblos. Aber einträglich.
Ein Geschenk für die Welt. Von Uncle Sam.
Dem globalen Samenspender für Triviales.
Ein Leckerbissen auf dem Weg zur Fettleibigkeit.
Must-eat für Anhänger ungesunder Ernährung.
Weitgehend geschmacksneutral.

Heißer Hund. Stundenlang gekocht. Mit Liebe gewürzt.
Bringt Tierschutz-Verbände auf die Barrikaden.
Ruft weltweit Proteste hervor. Verlangt nach Boykott.
Barbarisch. Kannibalisch. Vollkommen unamerikanisch.
Banausenfraß. Vermutlich Fernost. Oder Afrika.

Millionen Rinder und Schweine gehen vor die Hunde.
Werden verbeefburgert und gebarbecued.
Vornehmlich in den Vereinigten Staaten.
Mit weltweiter Nachahmungspflicht.
Ein echter Cowboy braucht sein Steak.
Sogar Pferdefleisch ist gestattet.
Weshalb er nicht mehr im Sattel, sondern am Steuer sitzt.
PS-stark. Ford Mustang zum Beispiel. Heißer Ofen.
Sein Fahrer ein heißer Hund. Echt cooler Typ.

Nichts gegen Fastfood.
Und motorisierte Pferde. Made in Amerika oder anderswo.
Manchmal aber ist gut gewürzt besser.
Mit Liebe gekocht.
Sogar aus Afrika oder Fernost.

sokratztes – #ausgedackelt

BOND

Draußen vor der Tür.
Kantige Züge. Betont männlich. Hartgesotten.
„Mein Name ist Bond. James Bond."
Nullnullsieben? Nullachtfuffzehn oder James, der Butler?
„Bond. Nullnullsieben. Agent."
Versicherungsagent? Kommt nicht über die Schwelle.
„Geheimagent. Größter Geheimagent der Geschichte."
Geheimagent? Den Millionen bestens kennen. Lachhaft.
„Bin auf Mission. Lassen Sie mich ein. Sofort."
Zeugen Jehovas? Scientology? Flyer her. Ab die Post.
Sonst zieht dir Banana-Joe die Ohren lang.
Bud haut Bond in die Pfanne.
Aber sowas von.

Die Unterhaltungsbranche. Milliarden-Business.
Inhalt oft drittklassig. Renditemäßig erste Sahne.
Brot und Spiele. Zu Römerzeiten? Ablenkung fürs Volk.
Während die Senatoren auf geheimer Mission waren.
Heute? Chips und Movies. Video Games.
Volle Kassen.
Und gewählte Volksvertreter auf geheimer Mission.

Draußen vor dem Kino?
Die fünfte Nachgeburt von Sean Connery.
Hardliner mit spätpubertärem Super-Tech-Spielzeug.
Motorisiert mit außerirdischem Aston Martin.
Halbtot. Mit anderthalb Beinen im Filmarchiv.
Und immer noch keine Zeit zu sterben.

sokratztes – #james, tea please

BACHELOR-ETTE

Ein Junggeselle.
Zwanzig Frauen. Oder Geschlechter vertauscht.
Qual der Wahl. Wöchentlich ausgestrahlter Leidensweg.
Darwinistische Selektionskriterien. Redaktionell gesteuert.
Körperliche? Nein. Hochgeistig. Sogar Niveau gefragt.
„Baby. Heavy enttäuscht. So emotional. Nehme die da."
Der Besten die Rose. Alles andere in die Hose.

Alltäglich. Allgemeinverständlich. Jedermanns Sache.
Job gesucht. Oder Wohnung. Zwanzig zur Auswahl.
Geht Mal für Mal in die Hose. Endet? Heavy enttäuscht.

Bachelor. Schnellbleiche-Akademiker.
Anglo-amerikanische Einstufung.
Ersetzte traditionelle Universitätsgrade.
Waren universell. Nicht im Schnellverfahren erhältlich.
Junggeselle. Der junge Geselle?
Einst ging er allein auf Wanderschaft.
Unterwegs von Ort zu Ort. Jahrelanges Lernen.
Erfahren kehrte er zurück. Reif für die Meisterprüfung.

Reifeprozesse müssen beschleunigt werden.
Querbeet. Vom Zulassungsverfahren bis zur Produktreife.
In der Lebensmittelindustrie wie in der Bildungspolitik.
Bachelor? Bachelorette? Grenzen sich wohltuend ab.
Verströmen erstaunliches Maß an Unreife.
Teilnahme? Ein universelles Gut. Publizität garantiert.
Meisterprüfung? Bleibt ihnen erspart.

sokratztes – #nobody likes u

WELTGEDENKTAG

Nationalfeiertag out. Totensonntag begraben.
Es lebe der Weltgedenktag.

3. Juni. Europäischer Tag des Fahrrads. Made in China.
30. Juni. Tag der Inkontinenz.
Mit vollen Hosen acht Wochen warten.
Bis 26. August. Internationaler Tag des Toilettenpapiers.
222. Oktotobber. Dede Wewelttatag ddes Stototterns.
Fürs weitere Intervall-Training der 21. Januar.
Welttag der Jogginghose.
Tote Hose bis nach Totensonntag.
Und dann endlich. Ganzes Jahr darauf gewartet.
21. Dezember. Welt-Orgasmus-Tag.
Mit oder ohne Jogginghose?

Aber es kommt noch viel dicker.
19. September. Der Sprich-wie-ein-Pirat-Tag.
Piratendeutsch leider nur unvollständig überliefert.
„Ich entere deine elende Entenkahn, du Enterich.
Morde Matrosenmeute samt Mastkorb-Maat.
Tackere Kapitan an Takelage. Taka takata."

Und so weiter.
Es folgt der Welttag der Sprachlosigkeit.
Bis zum Gedenktag der Erinnerungslosigkeit.
Logischerweise geht der Jahr für Jahr vergessen.

Ein Tag aber scheint dringend überfällig.
Der Tag des Abdankens aller Weltgedenktage.

sokratztes – #tag des halbtages

DIE MILLENNIUMSPARTY 2000

Null-Null-Null, Millennium!
Spezies Homo global auf dem Hype der Triple-Null.
Aus. Längstens vorbei. Es gibt Jahrtausendereignisse,
nach denen kräht zwei Tage später kein Hahn mehr.

Eine Millenniums-Insel bleibt übrig.
Der umgetaufte Korallenhaufen im Pazifik
soll die 2000 zuerst erlebt haben.
Man vergaß Thailand, die feierten 2543.
Buddha hatte die Nase vorn.
Jesus war von Geburt an verspätet.

Die Uno hat noch was vom Millennium.
Verpasste Millenniumsziele. Bleiben ja noch 980 Jahre.

Die Untergangs-Fantasten, die verpassten auch.
Welt ging damals nicht unter. Trotz Triple-Null.
Also neue Apokalypse-Termine suchen.
Nächsten Frust planen.

Dabei könnten sie einfach vom Weltuntergang
zum Sonnenuntergang wechseln.
Gratis-App mit Update-Garantie, global abgesichert.
Die nächsten vier Milliarden Jahre.
Täglich ein Untergang.
Vielleicht zu wenig romantisch. Ganz ohne Null.

#don't miss the year 3000

DIE MILLENNIUMSPARTY 3000

Drittes Millennium. Geile 3000.
Geht als Müllennium in die Geschichte ein.
Ära der Abfallproduktion.
Mit tausendjähriger Nachhaltigkeit.

Nächstfolgende Millenniumsziele sind gesetzt.
Total-Recycling. Rundumerneuerung der Erdkruste.
Bis zu deren erfolgreichem Abschluss betreten verboten.
Wird betretene Gesichter geben.

Die, die immer noch auf den Weltuntergang warten,
werden alle Wahlen gewinnen.
Per Dekret den Sonnenuntergang abschaffen.
Weil ihn 500 Jahre niemand gesehen hat.
Vollkommen verdreckte Atmosphäre.

Die Spezies Homo
hat immer nach Vollkommenheit gestrebt –
auch bei Luftverschmutzung und Umweltvernichtung.
Das Ende aller Romantik.
Null-komma-null freie Sicht aufs Mittelmeer.
Und anderswohin.

Aber die Millenniumsfeier wird stattfinden.
Dreißig Milliarden Homo postsapiens.
Im Hyper-Hype der dritten Triple-Null.
Eine Party, nach der zwei Tage später
kein Hahn mehr kräht.
Weil die asiatische Vogelgrippe twitterte:
All chicken deleted. Lange zuvor. Anno Buddha 3000.

#don't miss the year 4000

MILLENNIUMSPARTY IM JAHR 4000

Zwei-Null-Null-Null unserer Zeit voraus?
Nee, Nerds, Null-Weitblick.
Nobody. Sokratztes nicht. Auch Jesus nicht.
Sonst hätte er vor zweitausend Jahren getwittert:
Vergesst den popeligen Haufen der Popes.
Papa Franziskus, Version 266,
wird das erste fehlerfreie Update.
Wird Stock-Market-Trader, Bitcoin-Dealer
und Hedge-Fonds-Manager zum Teufel jagen.
Wie ich es im Tempel vorprogrammiert habe.

Lao-Tse hat Mao-Zedong auch nicht vorausgesehen.
Bloß die Leere beschrieben, die auf die Gehirnwäsche
der Kultur-Revolution folgen würde.
Aber die Kelten haben schon Wein gekeltert.
Vor Null-Null. Im nullten Millennium sozusagen.
Da war auch Buddha schon da.
Aber der trank ja keinen Alkohol.
Doch die Millenniumsfeier wird stattfinden.
Auch mit einer Vier vor der Triple-Null.

Auch wenn keine Krähe ahnt, dass kein Hahn mehr kräht.
Der Homo längst wieder auf allen Vieren läuft.
Aberectus. Nonsapiens. Impotentus.
Wieder bei null beginnt.
Weil er den Untergang verpasst hat.
Weil Nullen immer Nullen bleiben.
Auch zwischen den Millenniumsfeiern.

#don't miss the year zero

HEILLOSE WIRREN IM JAHRE 0

Total confusion in Bethlehem.
Beginn des Jahres Null? Millenniumsfeier?
Häh? Take off ins erste Jahrtausend? Wieso denn das?
Mit einer blanken Null? Wo kommt die denn her?

Null Bock. Millenniumsfeiern brauchen dreimal Null.
Mit Vorsatz.
Doch die Zeit war schon eine Zeitlang da.
Mille Mille Millennien.
Das letzte Vor-Null-Millennium
ist durch Christi Geburt gerade untergegangen.

Doch wenn der Hahn im Jahre 33 nicht kräht?
Judas seinen Job vergisst? Kein Holz fürs Kreuz da ist?
Dann ist die ganze Feier für die Katz.
Jesus-Null würde im Nachhinein wieder annulliert.
Buddhas Null immer noch da.
Null von Mohammed noch nicht geboren.

Voll abdancen bloß wegen Volkszählung?
Stern-von-Bethlehem-Fete statt Full-Moon-Party?
Klar, aber bitte ohne die drei Könige.
Oder mit King Kong, King of Pop und Kingfisher Beer.

Homo sapiens sapiens dreimal ratlos.
Wie kann man ein Datum abfeiern,
das erst im Nachhinein ein solches werden wird?
No problem!
Voll durchfeiern, von Buddha über Jesus bis Mohammed.
Mehr als ein ganzes Millennium lang.

#ballermann for ever

1ST VERIFIED MILLENNIUM

Und das erste offizielle Millennium?
Voll vergessen. Eingekerkert im finsteren Mittelalter.
Bis Tausend zählen ist Leibeigenen verboten.
Wissen ist uncool. Kann auf dem Hot Spot enden.
Scheiterhaufen. Beim eigenen Leib.
Gerädert, geköpft, geviertelt und gehängt.

Mit Party ohnehin. Ohne Party sowieso.
Also raus aus dem Verlies. Die Tausend überspringen.
Eins weiter. Rüber in den märchenhaften Orient.
Tausendundeine Nacht!

Milleunanotte statt Millennium!
Da kommt kein Sünder mit dem Beichten nach.
Da krähen alle Hähne, gackern alle Hühner.
Mit Scheherazade nimmt die Party nie ein Ende.
Fertig mit Hinrichten. Anrichten zum Feiern.
Sich in Trance saufen und mit den Sufis tanzen.

Wer dabei war, kam nie zurück.
Historische Belege fehlen.
No Tweets. Keine Fake-News.
Auch keine Revivals.
Wer nicht dabei war,
den kratzt es noch heute.

sokratztes #was there

INTERMEZZO

Sokratztes ist in Persien hängen geblieben. Hat den Faden verloren. Nach der Milleunanotte-Party. Vor gut tausend Jahren. Xanthippe holt ihn zurück in die Realität:

„Zeit für Siesta. Kein Mensch kann die ganze Zeit denken." Er legt Widerspruch ein. Michl sei auf Besuch gekommen. Xanthippe: „Michl ist ein Narr. Was willst du mit dem?"

Sokratztes versucht sie eines Besseren zu belehren: „Der Michl kommt mit wesentlichen Fragen. Einunddreißig an der Zahl."

„Wen will er denn fragen? Dich? Du hast keine Zeit zu antworten. Du machst jetzt Siesta."

„Narren fragen niemanden. Sie wissen nur zu gut, dass Antworten dazu verleiten, mit dem Fragen aufzuhören. Und zur Folge haben, dass man sich an den Antworten festklammert. Selbst wenn diese längst ausgedient haben und hoffnungslos veraltet sind."

„Und was soll dann wesentlich sein an diesen Fragen? Dazu noch einunddreißig davon?"

„Einunddreißig? Ihre Umkehrung bringt Unglück. Wendet sich das Unglück, macht es einunddreißig zur Glückszahl. Und wesentlich wird eine Frage dadurch, dass sie von einem Wesen gestellt wird. Auch wenn es ein Narr ist. Wie der Michl. Soweit die objektive Beurteilung der Situation meinerseits." Und damit wechselt Sokratztes in die Hängematte. Hält Siesta.

DIE 31 WESENTLICHEN FRAGEN DES NARREN

Die langen Fragen.

I

Ist die Objektivität ein Objekt intellektueller Begierde,
hinter der sich die Subjektivität des Intellektuellen verbirgt?

II

Macht die Reise auf den Mars Reisende zu Marsmenschen,
um die sich weder Menschheit noch Marsmeere reißen?

III

Wirken perfekte Umgangsformen als eine Form,
wirkliche Begegnungen perfekt zu umgehen?

IV

Ist es eine Eigenschaft glanzvoller Politiker
als Poliere des eigenen Glanzes zu schaffen?

V

Führen Gedanken in parasitäre Irrgärten
fern der paradiesischen Gärten der Gefühle?

VI

Fehlt dem Fehler zu seiner Existenzberechtigung
rechtlich nicht ein richtig existenzieller Veeler?

VII

Wird bei Diskussionen wortreich mit Diskus geworfen,
und Andersdenken diskussionslos diskreditiert?

VIII

Macht sich einer, der in Summe viele Milliarden macht,
zum Nullo, mit summa summarum so viel Nullen?

IX

Kann ein Richterspruch absolut rechtens und richtig sein,
wenn Rechtsprechung sich per se Absolution erteilt?

X

Geht die Sonne auf ihrem Weg nur tagtäglich unter,
weil der Tag über den Tag von der Sonne weggeht?

XI

Sieht die Skyline maßlos ausufernder Mega-Städte
nicht aus wie ein stillos vermasselter Scherenschnitt?

XII

Können Konzepte die Kunst sein, das Leben zu meistern,
oder kerkern sie Lösungen und Lustgefühl ein?

XIII

Darf man weltweit Stories von Crime und Horror verbreiten
wenn man natürliche Nacktheit und Sinne verbannt?

XIV

Dankt der Weltsportler mit reichlichen Werbeverträgen
der ärmlichen Näherin, die für Adidas näht?

XV

Wohin haben Verbraucher ihre Seele geworfen,
dass die Werbung sie findet und schamlos vermarktet?

XVI

Füllt die Hingabe ans Denken das Hirn mit der Freude,
die dem Herz des Denkenden seine Wünsche erfüllt?

XVII

Ist Geld nichts als Geld, nur für Geltungsbedürftige da,
für Protzen mit Porsche, Potenz und Portemonnaie?

XVIII

Wird die Wahrheit aus Angst vor ihrer Antwort entmündigt,
bevor sie den Fragenden von der Täuschung befreit?

XIX

Bedeuten Worte nicht bloß, dass die Sprachlosigkeit fehlt,
in der das Schweigen bedeutsame Bilder gebärt?

XX

Schafft dort das Licht den Schattenwurf
von meiner rechten Hand,
weil hier meine linke ihren Schatten ins Licht wirft?

XXI

Sind die Paradigmata der Wissenschaft in Wahrheit
Paradoxa, die Wissen und Wahres abschaffen?

XXII

Macht Mobilität den beweglichen Menschen morbid,
weil er standortunabhängig den Boden verliert?

XXIII

Was denken am Hunger nagende Kinder, die frieren,
wenn sie fette Hunde sehen, die warm sind gekleidet?

XXIV

Kommt es vom endlos forteilenden Lauf der Gezeiten,
dass dem Loseilenden fortlaufend die Zeit entkommt?

XXV

Dienen Demos der Demontage der Demokratie
oder bewahren sie diese vor Demagogie?

XXVI

Zeugt Macht von Machtlosigkeit gegenüber den Trieben,
die seit Urzeit dem Männergeschlecht sind geblieben?

XXVII

Verkörpern die Narren-Fragen des der Welt Entrückten
eine Plage für all die Starren und Erdrückten?

Die kurzen Fragen.

XXVIII

Wollen Vögel öffentlicher Volieren öffentlich vögeln?

XXIX

Ist das Selbst von Automaten automatisch selbstlos?

XXX

Verfällt der Sucht der, der beim Suchen fällt?

XXXI

Ist Nonsens sensitiver als Konsens?

Damit schweigt auch der Narr. Lächelt nachsichtig. Die
Nachmittagssonne flimmert. Freundlich winkt er ihr zu,
macht sich aus dem Staub. Seine Schritte sind locker. Die
Richtung bleibt unbestimmt. Wie gewohnt. Was sein
nächstes Ziel sein wird, weiß er, sobald er es erreicht hat.
Einunddreißig Fragen aber bleiben hängen. Am Baum, über
der Hängematte. Harren nicht der Antwort. Warten darauf
zu keimen. Auszutreiben. Bunte Blüten zu tragen. Zu unterhalten. Oder auch nicht. Absichtslos.

VON
HISTORISCHEM

Sokratztes hat die Denkpause überstanden. Gerne möchte er einmal seinem berühmten Namensgeber begegnen. Begibt sich abermals auf Zeitreise. Doch ein Wine and Dine mit dem antiken Philosophen bleibt ihm verwehrt. Kant und Kolumbus trifft er an, den einen in Gedanken erstarrt, den anderen in Neuindien verirrt. Hannibal und Hildegard von Bingen, die mit größter Wahrscheinlichkeit weit mehr miteinander gestritten hätten als er und Xanthippe. Wo er denn sei, fragt seine Frau.

„Hier wie immer."

„Ich meine deinen gedanklich abwesenden Rest."

„Versailles, Schönbrunn. Bei Louis XIV, Sonnenkönig in Paris, und mit der Kaiserin Sisi in Wien."

„In dem Aufzug? Ungewaschenen Klamotten? Seit drei Tagen nicht rasiert? Habe ich dir nicht gesagt, sich in aller Öffentlichkeit zu zeigen, bedinge eines minimalen Anstandes und einer gewissen Noblesse."

„Noblesse ohne Stress. Alles überpudert. Gut parfümiert." meint Sokratztes. Und dreht am Zeitrad der Geschichte.

Nie wird heute erzählt, was gestern geschah.
Vergangenes lebt von Interpretationen,
von Erzählkunst und Geschichtsverdrehung.
Verschwindet ungern. Wirkt endlos weiter.
Doch manchmal erzählt Zurückliegendes
mehr von der Zukunft als die Gegenwart.

WIE WAR DAS MIT DER SINTFLUT?

Morgendämmerung.
Der Götter Schicksal stand auf dem Spiel.
Natur nahm Nordland aus dem Tiefkühlschrank.
Sterbende Gletscher. Es schwollen die Wasser.
Manche wie Noah packte die Paranoia.
Sie bauten Schiffe. Strandeten im Gebirge.
Großteil nahm es gelassen. Zog um, baute neu.

Es dämmerte dem Abendland.
Der Umwelt Schicksal stand auf dem Spiel.
Globale Marktwirtschaft nahm keine Notiz davon.
Das Ende des Eises ließ die Fluten steigen.
Manche packte die Panik, die Paranoia.
Sassen im Taucheranzug in der Wüste fest.
Großteil nahm es gelassen. Zog um, baute neu.

Venezia supra monte. Laguna Alpina.
Gondeln schaukeln im Wind am Bergbahnseil.
La Gondoliera besingt das Alpenglühen.
Im Markusdom dominiert der Muschelkalk.

Great Bangkok Reef wird Best Marine Reserve.
Floating Market auf dem Kurfürstendamm.
Flying Dutchman taucht nach Ruinen von Amsterdam.
Wrack der Titanic? Liegt fünfzig Meter tiefer.
Wird als Hot-Spot erfolgreich vermarktet werden.
Tickets? - Nächste Eiszeit.

sokratztes – schiff #ahoi

KONTINENTALVERSCHIEBUNG

Landmassen auf Wanderschaft.
Subkontinent Indien kam erst kürzlich von der Antarktis.
Suchte Anschluss an Asien.
Ostafrika wird sich bald verabschieden. Ostwärts.

Europa – ein Kontinent? Eigenständige Landmasse?
Weit gefehlt. Westlichster Teil von Asien, von Eurasien.
Russland verbindet. Verhindert ein eigenständiges Europa.

Aber Europa hat die Kontinente erfunden.
Und damit auch sich selbst.
Nicht als Landmassen, sondern den Hautfarben gemäß.
Menschenmassen auf Wanderschaft. Schneller denn je.
Farben durchmischt. Bis nur ein Kontinent übrigbleibt.
Und ehemalige Kontinente. Unterwegs zu neuen Zielen.
Machen, was sie wollen. Seit Pangäa, anno dazumal.

Menschen auch. Sie erfinden Kontinente.
Baggern Suez- und Panamakanal, um sie zu trennen.
Bauen Brücken, um sie wieder zu verbinden.
Nach Lust und Laune. Hautfarben, Zeitgeist und Mode.

Eigentlich gehörten Indianer und Indios zu Asien.
Wurden bei der Eroberung Amerikas fast ausgerottet.
Die Neue Welt weiß gewaschen. Europäisiert.
Während Asien sich die Alte langsam zurückholt.
Ozeanafroamerikeurasia entsteht. Gemischtfarben.

Die Landmassen? Ziehen in aller Ruhe weiter.
Die Menschheit wird dabei kräftig durchgeschüttelt.

sokratztes – bin auch ein #berliner

ABSOLUTISMUS

Absolute Alleinherrschaft.
Selbstgefälligkeit. Auf höchstem Level konserviert.
Dei ex machina. Für die Weltbühne geschaffene Gottheiten.
Louis XIV. Der Sonnenkönig. Pomp und Protz.
Erfolgreichster Exponent des Absolutismus.
Cristiano Ronaldo. Spastisch verkrampfte Muskelmasse.
Götterstatue zu Lebzeiten. Milliardenschwer.
King Federer. Medial omnipräsent.
Kein Werbespot ohne sein Financier-Lächeln.
Karl Lagerfeld. Modezar. Eitel. Arrogant. Aber ehrlich.
Das hob ihn aus dem Haufen der Götzen hervor:
„Ich leide an einer Überdosis meiner selbst."

Moderne Demokratien leiden unter dem Absolutismus.
Unter der Überdosis des Selbst.
Doch der Mensch braucht das Absolute.
Das Ihr-da-oben, Wir-da-unten.
Die Selbstinszenierung der Stars.
Weil ihm das eigene Selbst nie genügen kann.
Die Selbstlosigkeit abhandenkam.
Dem Ego geopfert wurde.

Dafür wird ihm keine Absolution mehr zuteil.
Das waren Zeiten. Man konnte seine Fehler beichten.
Jeder Sünder wurde freigesprochen.
Der Arme. Zehn Vaterunser beten.
Der Reiche. Drei Gutshöfe samt Personal für die Kirche.
Steuerprogression absolut.
Unter der Alleinherrschaft des Glaubens.

sokratztes – #|ich|

NOBLESSE OBLIGE

Der Noble hatte Verpflichtungen. Musste Niveau zeigen.
Damit grenzte sich der Adel ab. Vom gemeinen Volk.
Gutes Benehmen. Stil. Plus eine Prise Großzügigkeit.
Das Blatt hat sich gewendet. Und blieb gleich.

Portier im 5-Sterne-Hotel. Gentleman in noblem Outfit.
Die Gäste im Street Look. Erinnern ihn an Obdachlose.
Monsieur verneigt sich. Kundschaft watschelt vorüber.
Er aber übersieht jeden Fauxpas. Stilvoll. Großzügig.

Die Bretter der Welt? Theaterschauplatz. Arena.
Darsteller, Bühnenarbeiter, Publikum. Vertauschte Plätze.
Längst vergessen, wer wessen Kleider trägt.
Niemand fragt, wo sich welche Maske zeigt.
Walking-In. Coming-Out. Cross-Dressing. Dressed-Up.
Casually Underdressed. Feelings Unexpressed.
Overdone. Wasted. Fall out.
Showtime over. Der Vorhang fällt.

Maske abkratzen? Umschminken? Wer-bin-ich Therapie?
Ist die Welt ein Irrenhaus?
Nichts von alledem.
Carnevale di Venezia. Carnaval do Rio. Kölner Fasching.
Parlamentsdebatte. World Wide Web. Doku-Soap.
Die Welt war es stets. Und bleibt ein Ort der Narren.
Narrentum oblige.
Le Fou war am Hofe des Adels ein angesehener Beruf.
Niemand war der Wahrheit näher als der Narr.
Einer Wahrheit, die man zwar nie erlangt.
Aber umso leichter verpasst.

sokratztes – #pass it over to me

75

KAISERSCHMARREN

Süßspeise. Von Kaiserin Sisi verschmäht.
Ihr Gemahl nahm sich des Schmarrens an.
Ass ihn auf. Gab ihm damit seinen Namen.
Bald darauf wurde das Kaisertum selbst zum Schmarren.
Ein Auslaufmodell mit blutigem Ende.
Genf, Sarajewo, Jekatarinenburg.
Andere überlebten. Dankten ab.

Kaiserschmarren aber wurde Volksgericht.
Zum süßem Ende der Mahlzeit für alle.

Anstelle der Kaiser traten Industrielle, Manager, Banker.
Ohne Würden. Zepterlos. Ungekrönt.
Verglichen mit den Monarchen mausarm.
Hausen in winzigen Villen.
Müssen mühsam Geld scheffeln.
Kein Versailles. Schönbrunn. Nymphenburg.
Höchstens Privatinsel, Jet und Luxusyacht.

Man sehnt sich zurück nach Königen und Kaisern.
Zu denen das Volk aufblicken kann. In Verzückung.

Selbst wenn sie nur Mist bauen.
Ludwig der Zweite. Märchenkönig von Bayern.
Herrenchiemsee. Schloss mit siebzig Sälen.
Geld zu Ende. Er warf sich in den See.
Zurück blieb Bauruine.
Nur zwanzig Zimmer vergoldet.
Rest nicht bewohnbar.

So ein Schmarren!

sokratztes – wie so #vieles

DIE MONDLANDUNG

Das Märchen vom Mann im Mond.
Eine moralische Gutenacht-Geschichte.
1969 – In Vietnam aller Tage Abend.

Amerika hatte Bruchlandung gemacht.
Tausende GIs und Millionen Vietnamesen.
Auf dem Bauch gelandet oder Rücken.
Lagen im Dreck. Kehrten nie wieder heim.

Washington bekam weiche Knie.
Brauchte einen starken Arm.
Da landete Armstrong auf dem Mond.
Scharrte im Dreck. Kehrte wieder heim.

Amis scharren immer im Dreck.
Bis sie Saddam Hussein im Dreckloch finden.
Und der IS in Scharen ausschwärmt.
Scharten, schwer auszuwetzen.

Die Mondlandung.
Ein gigantischer Luftsprung Amerikas.
Kleiner Schritt für die Menschheit.
Washington schneller als Moskau.
Sonst wäre der Mann im Mond rot.
Ein Kommunist bis ans Ende aller Tage.
Und Nächte. – Dann wenn der Mond scheint.

Neunundsechzig. Amerika was great.
Soixante-neuf.
Französisch ist großartiger.

EI DES KOLUMBUS

Cristoforo Colombo.
Legt ein Täuberich Eier? Nein.
Colomba, die Taube tut dies. Taubeneier.
Ob die Taubeneier einen Einfluss
auf seine Laufbahn als Conquistador hatten?
Ja, manche Machos kompensieren ihre tauben Eier
durch heroische Taten.
Selbst wenn sie dabei die heilige Maria missbrauchen.
Und die Bahamas mit Japan verwechseln.
Dadurch den Globus schrumpeln lassen.

Geografisch hat Kolumbus die Erde
zum Schrumpelei degradiert.
Donald Trump in spe nach China versetzt.
Damit der keine Mauer bauen muss.
Die war schon da.
Mexiko oder Mongolei spielt keine Rolle.
Hauptsache, Donald kompensiert seine tauben Eier.
Mit wüsten Trampeleien.

Hätte Cristoforo Trump und dessen Eier vorausgesehen?
Er hätte Kap Horn im Sturm umsegelt.
Amerika unentdeckt gelassen.
Kein Vietnamkrieg. Keine Donuts. Und kein Donald.

Das wäre das Ei des Kolumbus gewesen.

sokratztes – #eierkopf

CH- FEHLT DER SCHWEIZ DAS S?

Der Schweiz fehlt kein S.
s'Maitli, s'Büebli, s'Nöteli, s'Bankkontöli.
Letzteres ohne Verkleinerungsform.
Die CH-Banken sind groß in Form.

CH steht für Chäs und Heidi.
Käse und ein Käsegesicht aus Frankfurt.
Für das die Alpen zum Gesundbrunnen wurden.
Prämienfrei und ohne Bankkonto.
Das waren noch Zeiten.

CH bedeutet auch Chäsfondue.
Typische Schweizer Marketing-Idee.
Alle Arten von Käse in Kohle umzuwandeln.
CO_2-neutral und nachhaltig.

CH heißt auch: „Chasch d'EU vergässe."
Vergiss die Ekel-Union. Wilhelm Tell bleibt frei.
Der Macron kann die Merkel mal. Uns nicht.

Das H hat Cäsar gebracht. – Helvetii.
Antike Bezeichnung für dortige Bergbewohner.
Heute schwerreiches Schwelgen im Steuerparadies.
Für die entsprechenden Flüchtlinge.
Das sind Zeiten.

Mit S.
Mit Sonderstatus.
s'Schwyzerländli.

sokratztes – musste mal auf der #rüetliwiese

79

LA BELLE ÉPOQUE

Eine schöne Zeit.
Epoche steigenden Wohlstandes. Der Kunst und Kultur.
Mit einem brutalen Ende. Erster Weltkrieg.
Abruptes Ende des Schönen. Des Spielerischen.
Der Wandel warf seine Schatten voraus.
Vom Impressionismus zum kantigen Kubismus.
Vom Jugendstil zur kalten Bauhaus-Sachlichkeit.
Kultur und Kunst sind ihrer Zeit voraus.
Zeigen was herannaht. Im Guten wie im Schlechten.

Revival jener vergangenen Epoche?
Manche vermissen sie. Ohne sie erlebt zu haben.
Die Schönheit. Anstatt der Schönheitsoperation.
Die Kunst. Anstelle von Künstlichem und Gekünsteltem.
Das Fluidum der Kultur. Statt obligatem Multi-Kulti-Mix.

Belle Époque. Ganz privat?
Beautiful Times. Dasein in traumhafte Zeit verwandeln.
Alltägliches zu Kunst werden lassen.
Kultur zu einem Teil des Persönlichen machen.

Schöne Zeiten haben viele Gesichter.
Offene. Verschleierte. Geheimnisvolle. Maskierte.
Im Privaten wie in aller Öffentlichkeit.
Wie die Kunst. Die Kultur. Musik und Theater.

Manche vermissen sie. Die Belle Époque.
Wann erscheint ihr nächstes Update?
Up to you. Tomorrow? Or today.

sokratztes – #now or never

HANNIBAL ANTE PORTAS

Nicht die Hanni bald an dem Tor.
Nein. Handfesteres wartet vor der Türe.
Davor warnte Cicero im Jahrhundert vor Christus.
Nicht, dass er Hundert pro Jahr vor Christus gewarnt hätte.
Dafür war es zu früh.

Er warnte vor dem Elefanten im Porzellanladen.
Dem von Karthago. Afrikaner, per se schon suspekt.
Dessen Elefanten Schnee und Eis zertrampelten.
Alles nur um ante portas zu stehen.
Und das vor Rom.
Alle Wege führen nach Rom.

Cannibale ante portas. Menschenfresser.
Steht vor deiner Tür.
Frisst dich auf mit schrecklichem Gelaber.
Zertrampelt dich mit unsanften Worten.
Bis er dir etwas verkaufen kann.

Oder er macht es mit Telekinese.
Dein Handy läutet. Keiner vor der Tür.
Cannibale vom Callcenter. Täglich.
Frisst deine Zeit. Zertrampelt deine Nerven.

Nummer gesperrt? Werbeanrufe blockiert?
Alle Wege führen zu dir.
Cicero hatte dich ja gewarnt.
War aber zu früh.

sokratztes – #ruf nicht an, ruf andere an

RAUBRITTERTUM

Raubritter. Ihre Blütezeit sei das Spätmittelalter gewesen.
Auflauern. Überfallen. Plündern. Sich bereichern.
Übten vorgeschichtlichen, den ältesten aller Berufe aus.
Den der Raubvögel. Raubtiere. Nesträuber.

Traten uraltes Erbe an. Hunderte Millionen Jahre alt.
Ausgestorben ist ihr Handwerk bis heute nicht.
Sie lauern allem auf, wo es etwas zu holen gibt.
Sind allgegenwärtig. Mitten unter uns.
Nein, nicht die Manager mit ihren Spitzensalären.
Könige und Fürsten rauben nicht.
Denen gehört die Welt. Als Selbstbedienungsladen.

Man findet sie unter den Normalen.
Der Einzelne. Der ewige Schnäppchenjäger.
Wiederverkäufer auf eBay und Amazon. Dropshipper.
Gewerbetreibende. Dienstleister. Mit überrissenen Preisen.
Und Arbeitskräften zum Mindestlohn.
Konzerne. Die den letzten Cent aus allem pressen.
Egal ob Business to Business oder to Consumer.
Vater Staat. Lokale Behörden.
Dokument nötig. Print und Aushändigung, zwei Minuten.
Zwanzig extra. Personal war bereits via Steuern bezahlt.

Raubrittertum im Hoch. Erlebt seine größte Blütezeit.
Gesetzlich bewilligt. Staatlich gefördert.

Traditionell illegal betrieben? Nur noch die Mafia.
Die letzten Raubritter alter Schule.

sokratztes – #raubt den verstand

JUS PRIMAE NOCTIS

Das Recht der ersten Nacht.
Heiratet eine Leibeigene. Gehört erste Nacht dem Herrn.
Logisch. Ihr Leib ist ja sein Eigentum.
Mittelalterlicher Höhepunkt männlicher Frauenverachtung.
Dominantes Revival des Leitbullen-Gens.
Ich bin dein Herr und erster Besamer.
Zu abscheulich, um wahr zu sein?
Nein. Tierischer Rückschritt ins Erdaltertum.
Der Patriarch als Leihgabe aus dem zoologischen Garten.

Ausgebrochen. Nicht wieder einzufangen.
In freier Wildbahn anzutreffen.
Jeffrey Epstein. Harvey Weinstein.
Galten bis vor kurzem sogar als schützenswerte Art.
Obwohl nicht vom Aussterben bedroht.

Hinter dem Recht der ersten Nacht?
Verbirgt sich Unrecht. Ungezählte Tage und Nächte.
Die Rechtlosigkeit vieler Frauen dieser Welt.
Die Hirnlosigkeit prähistorischer Dickschädel.
Die Verzweiflung des entmachteten Bullen.
Die Unfähigkeit zur Verwandlung des Mannes.

Auf dem Weg wohin?
Zu gegenseitigem Verständnis und Achtung.
Zum Miteinander statt Gegeneinander auf der Welt.
Zur Vollkommenheit des Menschen.
Einer sapientia sine iure.
Einer Weisheit, die keiner Gesetze mehr bedarf.
Dem Homo sapiens sapiens. Der diesen Namen verdient.

sokratztes – nomen est #omen

DIE FREIHEIT

Die Freiheit. Strittiges Gedankengut.
Freiheitliche und Freisinnige werden oft angefeindet.
Aber sie sind Vertreter einer alten, bewährten Tradition.
Wem der Sinn nach Freiheit steht, der denkt zuerst an sich.
Nicht zwingend, aber meistens.

Wenn alle an die eigene Freiheit denken, wird es eng.
Freisein bedeutet Freiraum. Beansprucht Platz.
Freiheit des einen wird zur Unfreiheit des anderen.
War immer so. Wird so bleiben. Solange es Freiheit gibt.
In unterschiedlichem Ausmaß. Unterschiedlich gewichtet.

Einst gab es Edelfreie. Befreit von der Wehrgeldzahlung.
Heute sind sie steuerbefreit oder pauschalbesteuert.
Halbfreie. Persönlich frei, aber zum Dienen verpflichtet.
Heute ein Großteil der arbeitenden Bevölkerung.
Unfreie, die Platz schaffen für die Freiheit anderer.
Heute Mieter, Dumpinglohnempfänger, Obdachlose.
Und nicht wenige in der dritten Welt.

Die Freimaurer. Loge für Freiheit, Gleichheit, Humanität.
Jahrhunderte alter Männerbund. Leider geheim.
Freiheit und Gleichheit für alle? Bleiben ein Geheimnis.
Wunschdenken. Selbst wenn in der Verfassung verankert.

Freiheit ist und bleibt volatil. Und Ermessenssache.
Ein fragiles Gut. An Überforderung zerbricht sie.
Entfaltet sich dort, wo auch Unfreiheit akzeptiert wird.
Denn nirgendwo kann die Freiheit grenzenlos sein.

sokratztes – #freien um frei zu sein

DAS TROJANISCHE PFERD
NIE GESEHEN AUF DER WEIDE?

Das trojanische Pferd ist ein Wolf im Schafspelz.
Pelz ist das Pferd und Wolf hockt in den Eingeweiden.
Die vorher ausgeweidet wurden. Gibt Platz.
Ein Schafskopf, wer das Gatter öffnet und es einlässt.

Eingeweihte wissen, was in den Eingeweiden steckt.
Weiland war Odysseus Wissender.
Pferd war nie auf der Weide. Aber eine Augenweide.
Aus Hartholz. Mit Rädern. Wie ein Kindergeschenk.
Dasjenige vor den Toren von Troja?
War auch ein Geschenk. Ein Danaergeschenk.

Einem geschenkten Gaul schaut man nicht ins Maul.
Hätte man tun sollen.
Menge Ärger wäre erspart geblieben.
Troja hätte nicht ausgegraben werden müssen.
Homer hätte die Ilias nicht geschrieben.

Es gäbe auch keinen Homer Simpson.
Den Comic-Deppen. Hohl wie ein trojanisches Pferd.
Trojaner gäbe es auch nicht. Virenschutz ade.
Wie in Zeiten von Corona.

Da ließ man das trojanische Pferd mit offenen Toren ein.
Mit hohlem Kopf. Wie Homer Simpson.
Nie gesehen auf der Weide?
Dumm gelaufen.

sokratztes – troja #halleluja

WER WAR GIORDANO BRUNO?

Geboren am Fuße des Vesuvs 1548.
Einer der größten Whistleblower aller Zeiten.
Das Weltall dehnte er ins Unendliche aus.
Sagte zahllose bewohnte Welten voraus.
Erkannte Ursprung und Evolution der Existenz,
die sich aus Einem heraus zur Vielfalt entwickelt.
Eingekerkert in Venedig und Rom.
Hingerichtet als Ketzer im Jahre 1600.

Die Ketzer von damals wechselten ihre Namen.
Unruhestifter. Nestbeschmutzer. Dissidenten.
Die Inquisition blieb die Gleiche.
Gefängnis. Umerziehungslager. Auftragsmord.

Giordano Bruno floh vor dem Katholizismus.
Calvin exkommunizierte ihn. Danach auch Luther.
Er konnte keine Heimat finden.

Heute ist es einfacher geworden.
Unruhestifter aus China erhalten im Westen den
Friedenspreis, Whistleblower aus Amerika im Osten Asyl.

Die Unbequemen im eigenen Land werden ausgegrenzt,
gemobbt, gebasht, verfolgt und eingesperrt.
Im Land des Gegners als Helden gefeiert.
Das ist der Vorteil des Kalten Krieges,
der Blockbildung und Uneinigkeit auf der Welt.

Es ist der einzige.

sokratztes – #feuer frei

DIE AUFKLÄRUNG

Cogito ergo sum.
Ich denke, deshalb bin ich.
René Descartes.
Erfinder des Koordinatensystems.
Ein abgekartetes Spiel.
Machte die Welt rechtwinklig. Regelmäßig gerastert.
Dank der Kraft der Vernunft.

Später kam es noch karger, klarer und kantiger.
Die reine Vernunft.
Immanuel Kant.
Immanente Impotenz aller Romantik.

Alles eine Frage des Denkens und der reinen Vernunft.
Urwaldabholzung, Meeresverunreinigung,
Einsatz von Pestiziden.

Vernünftig ist einzig der Verstand.
Hat man ihn verstanden,
erkennt man dessen Unvernunft.

Man nannte es die Zeit der Aufklärung.
Wäre gescheiter gewesen, man hätte die Leute aufgeklärt.

Coibant ergo sum.
Haben sich mal zwei vereinigt. Deshalb bin ich.
Die reine Wahrheit.
Damit es wieder rund läuft.

sokratztes – denken bleibt #glücksache

HILDEGARD VON BINGEN

Bedeutendste Frau des europäischen Mittelalters.
Universalgelehrte, Heilerin, Musikerin und Autorin.
Klerus, Päpste, Könige, weltliche Herren suchten ihren Rat.
Ihre Aura strahlt aus. Bis in die heutige Zeit.

Hildegard bezeichnete sich als ungebildet, unbelesen.
Folgte strikt den Regeln. Von Kirche und Religion.
Musste ihr Wissen, ihre Weisheit tarnen. Als Eingebung.
Nur so konnte sie in einer Domäne der Männer bestehen.

Männer setzen die Spielregeln des Lebens fest.
Frauen, die ihnen Folge leisten, werden mit Erfolg belohnt.
Sich den Axiomen von Politik und Ökonomie unterordnen.
Sich dem logisch-analytischen Denken verschreiben.

Frauen an die Macht? Hilft der Welt nicht weiter.
Macht ist maskulin. Erhebt sich über die Menschheit.

Frauen ans Ruder. Steuerruder.
Ein Boot der Gemeinschaft im Strom des Lebens.
Das Weibliche gibt ihm Richtung. Eine vollständig neue.
Schafft Regelwerke, Strukturen, Gesetze ab.
Das Erbe der Millennien eines ichbezogenen Patriarchats.
Frau gebärt Leben. Gebärt die Gesellschaft der Zukunft.

Die Hildegard von morgen verbirgt ihre Weisheit nicht.
Sie regiert nicht. Sie führt mit Intuition und Hingabe.
Mit Kunst, Kultur. Im Konsens mit Mensch und Natur.
Sie erobert nicht. Häuft weder Macht noch Mammon an.

Sie bleibt weiblich.
Erlöst den Mann. Verbindet. Eint die Welt.

sokratztes – #mann verneigt sich

VON
DEN ELEMENTAREN FRAGEN

Xanthippe: „Solltest dich mal mit den elementaren Fragen des Lebens beschäftigen."

„Die da wären?"

„Existenzielles wahrzunehmen. Deine Frau? Für dich ein unbekanntes Wesen. Oder Geld fürs Alltägliche. Die Liebe. Dich endlich an die Namen der Nachbarn erinnern."

„Meine Liebste, der suchende Geist erkennt das Nächstgelegene in weiter Ferne. Strebt zu neuen Horizonten. Transzendiert dabei herkömmliches Wissen und erfasst alle Entitäten des Seins im Großen wie im Kleinen."

„Und wer bezahlt die frisch gebratene Ente, die du in nicht allzu weiter Ferne vor dir dampfen siehst. Was verändert sich im Großen oder Kleinen dadurch, dass du in Gedanken suchend Zeit und Welten bereist? Pergament und Tinte verbrauchst?"

Sokratztes: „Die Antwort ist einfach. Blick um dich. Der Goldregen blüht. Die Betelnuss reift."

Bleibt Xanthippe eine fundamentale Erkenntnis. Real, wenig hilfreich, aber äußerst lebensnah: Philosophen verzapfen Mist – meistens.

Liebe, Leben, Tod und Lotteriegewinn?
Unendlich-, -sterblich- und Unmöglichkeit?
Reifen Fragen, wenn ihre Antwort ausbleibt?
Findet sich eine Weisheit, die fraglos bleibt?
Eine Fraglosigkeit, die vom Denken befreit?
Die Freiheit, weise von allem loszulassen?

4 ELEMENTE - ALT ODER NEU?

Feuer, Erde, Luft und Wasser.
Altes Yin und Yang. Junges Yin und Yang.
Weisheiten der Antike. Out!
Die moderne Physik weiß es besser.
Vier Kräfte. Mit zwei unterschiedlichen Wirkungsradien.

Gravitationskraft. Elektromagnetische Kraft.
Unendliche Reichweite. Wirken überall.
Schwache und starke Wechselwirkung.
Kurzreichweitig. Wirken lokal.

Hier sind sie, diese vier neuen Elemente:
Geld, Gier, Geiz und Größenwahn.

Die Anziehungskraft des Geldes.
Die Kraft des Mammons saugt alles in seinen Bann.
Die starke Wechselwirkung der Gier.
Geld wird umverteilt von arm zu reich.
Die schwache Wechselwirkung von Geiz.
Wer zu viel genommen hat, gibt wenig her.
Die elektromagnetische Kraft des Größenwahnes.
Wirkt elektrisierend auf die Massen und
zieht die Boulevard-Presse magnetisch an.

Nach dem Urknall war es feurig heiß.
Mit der Abkühlung verfestigte sich die Materie.
Gase wurden frei. Es entstand die Atmosphäre.
Wasserdampf kondensierte, schuf die Meere.
Feuer, Erde, Luft und Wasser.
Von da an war die Welt in Ordnung.

sokratztes – #catactgaga

WAS IST FALSCH - WAS IST RICHTIG?

Der Fälscher fälscht vor dem Richter
und wird dem Richter vorgeführt.
Dieser Fälscher richtet es vor dem Richter
und führt den Richter vor.
Beide zu Recht verurteilt.
Beide falsch gehandelt.
Ausnahme:
Beide führten den Falschen vor. Zu Recht keiner verurteilt.

Der Richter fälscht den Fälscher.
Dieser Fälscher richtet über den Richter.
Hat der Richter den Falschen gefälscht?
Der Fälscher den Richtigen gerichtet?
Beide haben falsch gehandelt.
Ausnahme:
Der gefälschte Fälscher ist Richter.
Dann hat dieser Richter richtig gehandelt.
Annahme:
Der Fälscher ist der richtige. Der Richter ist der falsche.
Dann hat Richter nicht gefälscht, Fälscher nicht zu richten.

Fazit:
Nicht einfach, etwas fehlerlos richtig zu machen.
Einfacher hingegen, richtungslos Fehler zu machen.
Am einfachsten ist es, die Frage richtig oder falsch
als ein Produkt menschlicher Eitelkeit zu verstehen.
Zwischen etwas unterscheiden zu wollen,
was sich nicht immer unterscheiden lässt.

sokratztes – #alright it's all right

91

WAS BEDEUTET SEXUALISIERUNG?

Eulen nach Athen tragen.
Wasser in den Rhein gießen.
Den Wald vor lauter Bäumen nicht sehen.
Ist nicht jegliche belebte Natur sexuellen Ursprungs?
Flora und Fauna, alle Menschen sind es.
Entspringen dem Prinzip der Sexualität.
Folgen dem Tanz der Geschlechter.
Naturgegeben. Gibt nichts zu tun.

Doch!
Detox!
Desexualisierung!
Entsorgen, Entgiften, Desinfizieren!
Loswerden. Was von Beginn an los war.
Ein Hercules-Job. Eine Sisyphos-Aufgabe.
Eulen aus Athen wegtragen.
Den Rhein leer schöpfen.
Wald und Bäume verbergen.
Quelle des Daseins trocken legen.
Nackte Tatsachen in die Büchse der Pandora stecken.
Eva posthum auf den Scheiterhaufen.
Adam pfählen, den Aasfressern zum Fraß.
Zerreißen. Zensurieren. Zur Sünde erklären!
Kasteien und kastrieren. Ketzer verbrennen!
Verbergen, verbieten, verklemmen, versagen!
Totschweigen, totschlagen, tot!

Mit dem Tod endet, was vor der Geburt beginnt:
Das Wunder der Sexualität.

sokratztes – santa maria #funziona senza

EXISTENZ

Warum existieren wir? Woher kommt Leben?
Eine der unbeantwortbaren Fragen der Menschheit.
Ausdehnung. Entwicklung. Diversifikation.
Es scheint, als ob allem Sein dieses Potenzial innewohnt.
Lebenden Wesen. Wie sogenannt lebloser Materie.
Das Universum dehnte sich. Schuf Myriaden von Formen.
Die Kruste der Erde warf sich auf in Vielgestaltigkeit.
Einzeller entwickelten sich zu vielfältiger Flora und Fauna.

Leibnitz sprach von Monade. Eines. Keim von Allem.
Eines, das alle Möglichkeiten der Entfaltung beinhaltet.
Erklären konnte er es nicht. Wie alle vor ihm. Nach ihm.
Egal. Wir leben glücklich. Ohne alles wissen zu müssen.

Nach Erklärung ringt etwas Menschliches. Befremdendes.
Die seltsame Freude am Vernichten von Existenz.
Morden. Töten. Abschlachten. Der Gedanke daran.
Die Lust, Menschen in Filmen sterben zu sehen.
In Videospielen zum Serienkiller zu mutieren.
Dabei eine Form von Befriedigung zu empfinden.
Vielleicht gelingt es, hierfür Erklärungen zu finden.

Ist es die unbeantwortete Frage nach der Existenz?
Töten wir, weil wir nicht verstehen, was Leben ist?
Wir uns nicht einmal dieser Frage stellen?
Wir von Unverstandenem überfordert sind?
Es der Existenz an Inhalten mangelt?

Oder gibt es sie? Die pure Lust am Töten?
Als lebenswertes Grundbedürfnis.
Als Charakterzug der Spezies Mensch?

sokratztes – #brutalocode

TOD ODER LEBEN?

Gibt es ein Leben vor dem Tod?
Selbstverständlich. Aber klar. Die Natur will es so.
Kann mit Einschränkungen versehen sein.
Vorbestimmtes Leben.
Vordefiniert, was Lebensqualität ist.
Vorgegeben, was erlaubt ist. Was erwünscht ist.

Manchmal müssen Kinder scheintot spielen.
Wegen unerträglicher Lärmemissionen.
Frauen wurden Jahrtausende lang totgestellt.
Wegen fehlender männlicher Geschlechtsteile.
Wahrheiten werden gezielt totgeschwiegen.
Aufgrund ihrer gefährlichen Nebenwirkungen.
Hin und wieder wird die Zeit totgeschlagen.
Weil man mit ihr nichts anzufangen weiß.

Weil sie ein Intermezzo ist. Zwischen Geburt und Tod.
Das die Menschen irgendwie füllen müssen.
Regelkonform. In moralisch vertretbarem Rahmen.
Unter dem wachsamen Auge von Big Brother.
Dem penetranten Guckloch von Google.
Dann schlagen wir die Zeit tot.
Anstatt das totzuschlagen, was das Leben erschwert.
Ein Paradoxon.
Eine der menschlichen Widersprüchlichkeiten.

But good news.
Es gibt ein Leben vor dem Tod.
Die Natur wollte es so.
Packen wir es an.

sokratztes – #yes I can

QUANTA QUALIA

„Wie groß. Wie wunderbar."
Ausgedrückt in einer Hymne. Pierre Abaillard. Um 1200.
Versuch einer Beschreibung paradiesischer Zustände.
„Das, was dir begegnet, ist nicht kleiner als die Sehnsucht.
Der Lohn nicht geringer als dein Verlangen danach."
Elysische Fantasterei? Mittelalterliche Gefühlsduselei?

Der Lohn nicht geringer als das Verlangen danach?
Hochaktuell! Alles dominierender Traum der Gegenwart.
Selbst die Reichsten können dieses Verlangen nicht stillen.

Später übernahm die Philosophie Qualia als Begriff.
Für etwas, das die Wissenschaft nicht beweisen kann.
Den individuellen, subjektiven Erlebnisgehalt in uns.
Das, was wir persönlich spüren, erleben, wahrnehmen.
Was dabei an Bildhaftigkeit und Empfindungen entsteht.
Während wir die Welt mit allen Sinnen wahrnehmen.

Manchmal strahlt aus den Gesichtern der Ärmsten Freude.
Während sich Hollywood abquält mit Kameralächeln.
So ist es. Qualia birgt ein enormes Potential:
Die Qualität des Erlebten bestimmt der Mensch mit.
Womit und wann sein Verlangen gesättigt ist auch.
Je mehr dies geschieht, desto näher Glück und Erfüllung.

Quanta Qualia. Altertümliche Sinnfindung?
Version 4.0 für das Hier und Jetzt.
Programmiert jeder für sich selbst.

sokratztes – update #released

DIE FRAU - DAS UNBEKANNTE WESEN?

Reines Männerproblem.
Erst 1967 konkret benannt?
Aufklärungsfilm nach einem Buch von Oswald Kolle.
Bis heute nicht gelöst.

L'origine de l'existence.
Weibliche Energie. Der Ursprung des Seins.
Matriarchale Kraft, die das Leben zusammenhält.
Die Geschichte von Millionen von Frauen.
Halten den Gang der Welt aufrecht.
Während der Mann in die Schlacht zieht und fällt.

X versus Y.
Der Mann. Das unbekannte Wesen.
Ein Chromosom. Gegen 300 Millionen Jahre alt.
Die Forschung sagt, es sei verkrüppelt.
Überlebe nur dank Kompensation.

Gier nach Macht. Krieg. Unterdrückung.
Größenwahn. Kampfeslust und Protzgehabe.
Reines Männerproblem?
Historischer Fehlgriff der Evolution.
Genetisch belegbar.
Bis heute nicht gelöst.

Der Blick zurück ist immer ein Blick voraus.
Adam, nimm Evas Apfel an!
Immer von neuem.
Lass dich verführen.
Und – lass dich führen.

sokratztes – #apple will guide u

GLAUBEN

Die Fähigkeit zu glauben.
Vielleicht das, was den Menschen vom Tier unterscheidet?
Die Natur glaubt nicht. Sie sieht, hört, fühlt.
Sie lebt, agiert. Reagiert aus der Wahrnehmung heraus.
Mit wachem Blick auf alles. Was ist. Was geschieht.
Natürlich kann auch die Wahrnehmung täuschen.
Trotz Wachheit, Wissen, Instinkt und Reflex.

Glauben aber ist mächtiger als die Natur.
Vereinnahmt die Wahrnehmung.
Das Wissen. Den Instinkt. Reduziert sie.
Schaltet Signale aus. Die das Geglaubte hinterfragen.
Engt die Sichtweise ein. Auf das, was ihn bestätigt.
Seinem Glauben ist der Mensch ausgeliefert.
Im Guten wie im Schlechten.
Nimmt er wahr, kann er frei entscheiden.

Wer sich im Glauben bestätigt fühlt? Empfängt Kraft.
Wer sich im Glauben täuscht? Wird zum Gefangenen.
Wird der Glaube zur Doktrin.
Gerät er zum Beweis seiner selbst.
Ohne Widerspruch zu dulden.

Glauben wir zu vieles? Nehmen zu wenig wahr?
Vergessen allgemein Geglaubtes zu hinterfragen?
Gibt es Religion, Spiritualität ohne Glauben?

Die Wahrnehmung kann sich allem öffnen.
In unbegrenzter Wachheit. Ohne Gebote und Verbote.
In Freiheit. Was Verständnis und Verbundenheit erzeugt.

sokratztes – #wahres nehmen

INDISCHER GOLDREGEN

Heute gelbgoldener Überfluss.
Wo gestern blattlose Dürre herrschte.
Der indische Goldregen.
Natur im Wechsel von Depression und Manie.
Autistisch, hysterisch, cholerisch, kataton.
Diagnosen einer Psychologie, die festlegt, was normal ist.
Mit genug Anstand. Der von allem Abstand nimmt.
Von Niedergeschlagenheit und Überschwänglichkeit.
Von einem Zuviel oder Zuwenig und Abnormalen.

Der Natur sind Diagnostik und menschliche Urteile egal.
Ihr Dasein ist manisch-depressiv.
Goethe. Himmelhoch jauchzend zu Tode betrübt.
Der Meteorologe. Gestern Sturmtief über Island.
Morgen Hochdruckgebiet mit Kern über den Azoren.

Indischer Goldregen. Cassia fistula.
Nationalsymbol von Thailand und andernorts.
Reinigt den Körper. Das Mark seiner Schoten.
Fördert Gesundheit und Geist.
Sein schnelles Up und Down.
Wechselspiel von Dürre und goldenem Blütenregen.
Frei von Vorurteilen. Wertungen.
Verurteilungen.
Einfach sein.
So wie das Wetter.

Frage nach dem Wetter?
Gibt nur eine richtige Antwort:
Das Wetter ist.

sokratztes – #bin wie ich bin

LIEBE

Google liefert Neues zu deinen Lieblingsthemen.
Papa Google liebt dich. Mama Amazon auch.
So lange du konsumierst. Rechnungen bezahlst.

Liebe kann wundervoll falsch sein.
Valentinsliebe. Herzerweichende Marketing-Idee.
Vaterlandsliebe. Aufruf zu Mundtotheit. Soldatentod.
Fest der Liebe. Umsatzhoch in nomine Christi. Amen.

Liebe kann auch anders sein.
Falling in Love. Schmetterlinge im Bauch.
Fallgrube der Bedürfnisse. Lust und Verlangen.
Schmetterlinge? Wollen frei sein. Tanzen. Fliegen.

Liebe kann ganz anders sein.
Growing Love. Gemeinsam Wachsen.
Nebeneinander. Ineinander verschlungen.
Durch Stress, Streit und Schwierigkeiten.
Den Taumel von Glück. Die Stille der Nacht.

Liebe kann ganz einfach sein.
Offene Augen. Fassungslos einander erblicken.
Achtsam sein. Wertschätzen.

Liebe ist.
Liebe kennt den Tod. Sie kennt kein Ende.
Löst sie sich auf, lebt sie als Erinnerung.
Löst sich von dem Einen. Verbindet sich mit Allem.

Liebe will frei sein. Tanzen. Fliegen.

sokratztes – thx #xanthippe

DIE BETELNUSS

Als Sokratztes ankam, waren es unbekannte Knöllchen.
Winzige grüne Bälle an einem wirren Geäst.
Hoch oben an einem glatten Stamm.
Es sei der Betelnussbaum.
Dann sah er sie wachsen. Sie bekamen Farbe.
Sie reiften, wurden orange, wurden rot.
Der Regen kam. Er hörte sie fallen.
Plopp. Plopp. Und Plopp.
Wachsen und Vergehen.

Sokratztes saß immer noch dort.
Ein Virus hatte ihn festgehalten. Alles festgehalten.
Lockdown. Reisen war untersagt. Bewegung verboten.
Achtzig Fragen trugen ihn rund um die Welt.
Er sah die Betelnuss reifen und fallen.

Eine halbe Milliarde Menschen kaut Betelnuss.
Andere trinken Alkohol. Konsumieren Drogen.
Um dieses Wachsen und Vergehen zu ertragen.
Die Wechsel von Hektik und Lockdown.
Den Fluss des Lebens.

Der unergründlich bleibt.
Sich weder um die Eile noch den Stillstand schert.
Dem alles Menschliche vollkommen egal bleibt.
Sich ihrer Entscheidungsgewalt entzieht.
Kein Beben bringt ihn aus dem Tritt.
Kein Tsunami spült ihn fort.
Wir können nur eines tun.
Ihm folgen. In Demut.
Unter dem Betelnussbaum.

QUELLENANGABEN

Wissen ohne Quellenangabe? Diebstahl. Plagiat.
Alles muss belegt sein. Mit Herkunft. Womöglich datiert.
Der Redner. Beginnt mit belegter Stimme.
„Sprechen habe ich von meiner Mutter gelernt."
Der Akademiker. Magisterarbeit. Fußnote oder Endnote.
„Im Alter von sieben beim Opa abgekupfert."
„Gegoogelt. Rosenmontag. Von mittags bis nachts um vier."
„Notiz im Abfall gefunden. Urheber unbekannt."
Nichtakademiker. Facebook. Instagram. Live im Chat.
„Handbag von Prada. Écharpe von Louis Vuitton."
„Meine hässlichen Pickel? Von der Laktose-Intoleranz."
Fängt früh an. Im Kindergarten.
„Mampf mal. Kirschen. Von Nachbars Garten."
„Madig? Vielleicht Made in China?"

Ohne regelkonforme Deklaration geht gar nichts mehr.
Wissen gilt grundsätzlich als fremdes Gedankengut.
Das sich Wissende irgendwo gestohlen haben.

Die wahrheitsgetreue, vollständige Quellenangabe?
Namentliche Aufzählung der Menschheit seit Anbeginn.
Von Gilgamesch über Gandhi bis zum Nachbarn im Garten.
Plus Liste, was Natur dem Homo einst auf den Weg gab.

Ding der Unmöglichkeit. Machbarkeit null. Die Lösung?
Einer hatte sie. Schuf die universelle Quellenangabe.
Belegte damit auch detailliert seine eigene Herkunft.
Gustave Courbet. L'origine du monde.
Wurde zensuriert.
Quellenangabe? – Nicht erwünscht.

FAZIT

Sokratztes bleibt die Erkenntnis, seine Frau zeige zu wenig Verständnis für den noblen Berufsstand der Denker. Mist würden sie zwar alle verzapfen – Politiker, Proleten und Philosophen – das gebe er ja zu. Doch im Unterschied zu jenen, die sich einer populistischen Sprache bedienten, pflegten Philosophen ihren Mist in höchst professioneller Manier aufzubereiten, was ein wenig mehr Respekt verdiene.

Indes, Xanthippe kümmert dies wenig. Sie ist und bleibt eine Meisterin des Alltäglichen. Wenig Worte, intuitives Handeln. Den Narren kümmert dies alles noch weniger. Er braucht keinen Meistertitel, geschweige denn Zepter und Krone. Nicht einmal Tinte und Papier. Alles wächst auf seinem eigenen Mist. Unbeschwert wird er ihn los. Frei von der Leber. Frisch nach Lust und Laune. Ohne sich um etwaige Konsequenzen zu scheren.

Mist verzapfen. Hobby des Hofnarren. O'zapft is!

DIE LETZTE FRAGE

Eine der elementarsten aller Fragen bleibt eine,
die sich ungefragt mit den Menschen auf den Weg macht.

Wer bin ich?
Wie verleihe ich meinem Leben
Sinn und Inhalt?

Fragenraum

Fragenraum